敏感すぎるあなたが

7日間で自己肯定感をあげる方法

心理カウンセラー
根本裕幸

あさ出版

プロローグ

「嫌われたらどうしよう」
「期待に応えられなかったらどうしよう」

もう20年も前のこと。私はこんなことを考えながら、常に周りの顔色をうかがい毎日をビクビクして過ごしていました。

当時の私は大学を卒業し、新入社員として会社に入ったばかり。

今思えば、学生時代から私は、優等生のいい子を演じていました。就職活動もそのいい子のまま行い、入社後は周りから期待の新人として見られていたようで、他の新入社員とは違う配属先で、仕事をいきなり任されました。

しかし、入社して数カ月経っても、会社の雰囲気に馴染めず、どれだけ時間をかけても、先輩たちが当たり前にできていることができずに、焦りがつのるばかり。

期待されていた自分の評価が落ちるのを恐れて、周りに気をつかい、自分のことよりも同僚や上司の気持ちを優先して、自分に鞭《むち》を打って頑張っていました。

いつしか私は「周りの迷惑にならないこと」「上司に認められること」「同僚に好かれること」ばかりを考えるようになってしまいました。

よく考えれば、入社1年目で会社に馴染めなかったり、結果が出ないことなんてよくある話です。

でも私は「なんで自分はできないんだろう……」と自分を責め、無理して我慢して頑張って――。

そして、私は会社に行けなくなりました。

自分の心を犠牲にした結果、疲弊しきってしまった自分に初めて気がついたのです。周りの期待に応えられなかった自分が情けなく、会社の人に会うのが辛くなってしまいました。人間関係も仕事も嫌になり、屈辱的な気持ちで自宅の部屋で過ごしていたことを今でも覚えています。

そこで初めてカウンセリングを受け、自分自身を癒す、ということを体験します。

あれから20年近い年月が過ぎました。

現在の私は、心理カウンセラーとして独立し、17年間、のべ2万人もの人の心と向き合ってきました。

あれだけビクビクして過ごしていた私は今、イキイキと充実した日々を送っています。

旅するように全国各地に赴き、セミナーを開き、カウンセリングで毎日のように人と会って話を聞くことが楽しくて仕方がありません。

この本は自分を犠牲にして毎日ビクビクして過ごしていた、当時の私のような人に向けて書きました。

- **周りの顔色を常にうかがってビクビクしている**
- **他人の評価が気になってしょうがない**
- **相手にどう思われるか気になって言いたいこと（自分の意見）が言えない**

●嫌われないために、何でも頼まれたら引き受けてしまい、断れない
●人と会った後、どっと疲れてしまう
●自分の意見を求められると頭が真っ白になってしまう

という人たちです。
このような人を本書では「敏感すぎる人」と呼んでいます。

自分軸で生きる

なぜ「敏感すぎる人」だった私が、毎日をイキイキと過ごし、好きなことをやって生きていけるようになったのでしょうか。
人間関係も仕事も嫌になった私が、なぜ今では人と会うのが楽しく、全国を飛び回って仕事ができているのでしょうか。

それは、心理学を学び、カウンセリングの技術を通して、

「他人軸ではなく、自分軸で考えられるようになった」からです。

「他人軸で生きる」とは、他人の考えや価値観を基準に自分の言動を決めることです。価値観や考えというのは、十人十色。まったく同じ考えの人は存在しません。他人軸で生きていると、自分の考えや行動を他人のさまざまな価値観に合わせることになるので、振り回され、疲弊してしまいます。

逆に「自分軸で生きる」ことは、自分の心の声に従って生きるということです。自分らしく生きることで、自分の心を犠牲にしない生き方です。

「他人軸から自分軸へ」これが本書のテーマです。

自己肯定感を高める

そして、もう一つの本書のテーマは「自己肯定感」です。

自己肯定感とは、ありのままの自分を認めることです。

自己肯定感をあげると、心に余裕ができます。心に余裕ができると、自分に自信がもてるようになります。

この「自己肯定感」と「自分軸で考える」は、車の両輪です。

自分らしく生きるためには、自己肯定感をあげることと自分軸で考え行動することが欠かせません。

他人軸ではなく自分軸で考えることは、自己肯定感を高めることでもあり、自己肯定感を高めることは、他人軸ではなく自分軸で考えることでもあります。

本書では敏感すぎる人が7日間で自分らしく生きられるようになってもらうために、この「自己肯定感を高めること」と「他人軸ではなく自分軸で考えること」に同時に取り組めるプログラムを紹介します。

この7日間には、私が約20年間学び、実践し、クライアントのみなさんにお伝えしてきたことのすべてが詰め込まれていると言っても過言ではありません。

今この文章を読んでいる方の中には「『たった7日間で』そんなことができるの？」

と疑問に感じた人がいるかもしれません。

私はむしろ「7日間だからこそ」できると思っています。

受験勉強のとき、予備校や塾の夏期講習を受けたことはありませんか。予備校の夏期講習には、必ず「テーマ別・分野別の集中講座」があります。

例えば、数学なら「微分・積分」、英語なら「長文読解」、生物なら「遺伝」というように、多くの人が苦手と感じやすく、受験には必須である分野の集中講座が存在します。

夏休みに短期間で集中して、苦手分野に取り組むことで、夏休み明けからの受験勉強を優位に進め、第一志望校合格という目標をつかみとることができるのです。

「自己肯定感」と「自分軸」は今の時代を生きる人が、自分らしく生きるための必須のテーマです。

ＳＮＳが普及し、誰もが簡単につながるようになり、24時間人の目を気にするようになりました。その結果、「いいね！」や「フォロワー」の数は増えたかもしれません。しかし、「いいね！」が少ないと不安になる自分がいます。本当の自分を見失ったり、親友と呼べる人がいないという悩みを抱える人が多くなっています。

子どもの頃からインターネットが身近にあった人は、答えをすぐに検索し、他の人の意見や模範解答を探せるようになりました。その結果、自分の意見がもてなくなっている人も少なくありません。

17年、カウンセラーをやってきて、近年、「敏感すぎる人」からの相談が増えているように感じます。

ぜひ夏期講習のように集中して向き合って、この「自己肯定感」と「自分軸」を身につけていただきたいと思います。

本書を読まれることで、多くの方が、自分らしく充実した人生の実現に近づけることを願っています。

SNSによって 24時間
人目を気にするように…。

それでは、7日間の概要を少しだけお話します。左のフローチャートをご覧ください。これが7日間で自己肯定感をあげるためのステップです。

【1日目】

1日目～3日目は自分自身に意識を向けていきます。敏感すぎる人は常に自分以外の他者に意識が向いています。自分軸で考えるためにまずは自分に意識を向けていくのです。

1日目は特に「今」の自分に意識を向けます。

自分軸で考え、自己肯定感をあげるためには、今の自分の状況をまずは客観的に認識していくことが必要です。ポイントはただただ「今の自分」を感じること。

「他人軸で考えているな～」「嫌われたくなくてビクビクしているな～」とただ自分を感じてください。

【2日目・3日目】

2日目と3日目は過去を掘り下げていきます。

7日間で自己肯定感をあげる方法

1日目 今の自分に意識を向ける

↓

2日目 過去を見つめなおす

↓

3日目 過去の家族関係を見つめなおす

↓

4日目 自己肯定感を高める

↓

5日目 自分のペースで人間関係を築く

↓

6日目 敏感であることを強みにする

↓

7日目 自分が本当にしたいことを実現する

敏感すぎる自分が
自分らしく生きる自分に変わる！

あなたが他人に敏感すぎるようになったのは、過去に原因となる何かがあったからです。

私の20年近いカウンセリングの経験をもとに、主に学校生活の出来事を振り返り（2日目）、さらに人間関係の基礎となる家族関係にも注目し（3日目）、原因を探っていきます。

【4日目】

4日目は、主に自己肯定感について詳しくお話していきます。

1日目〜3日目で自分に意識を向けたあと自己肯定感を高めることで自分軸が確立されていきます。

ここでは自分を責めたり、否定したり、誰かと比べるのではなく、ありのままの自分で生きられるための考え方を身につけていきます。

【5日目】

5日目は4日目に確立した自分軸をもとに、他人とどのようにかかわっていけばいいいかを具体例を用いてお話していきます。

この日のテーマは「許し」です。敏感すぎる自分をつくった原因を「許す」ことが、自分軸で他人とかかわっていくとき必要になるからです。

【6日目】

6日目は敏感さを武器にして人間関係を発展的に創造していくために必要なことをお話します。

5日目で「許し」によって敏感すぎる原因を癒し、自分軸で他人とかかわっていく方法を身につけました。今度は、敏感さを自分の強みとして人間関係を創造的に構築していくポイントを紹介します。敏感すぎる人は人間関係を苦手と感じることが多いのですが、この敏感さをうまく活かすことができれば、人とかかわっていくことがむしろ得意になっていくはずです。

【7日目】

人は人間関係において充実感を覚え始めると、その関係を発展させるだけでなく、自分が本当にしたいこと、やりたいことを追求する自己実現欲求が芽生えてきます。

また、自分軸で考え、自己肯定感をあげたからといって、問題が起こらないわけではありません。7日目は今後、自己肯定感を高く保ち続け、自分が本当にやりたいことを実現するために大切な「問題（悩み）に対する考え方」をお伝えします。今後の人生で問題が起こっても自分らしくいられるよう、悩みや問題をどう捉えればいいかお話しします。

以上が7日間のプロセスです。

今、あなたは人間関係に困っているかもしれません。

敏感な自分に自信がもてず嫌いになっているかもしれません。

7日後、そんな自分をも認め、「敏感さ」を強みにして、自信にあふれながら、より充実した人生を送れている——そのような自分の姿をなんとなくでも頭に浮かべながら、ページをめくっていきましょう。

1日目 今の自分に意識を向ける

2日目 過去を見つめなおす

3日目 過去の家族関係を見つめなおす

4日目 自己肯定感を高める

5日目 自分のペースで人間関係を築く

6日目 敏感であることを強みにする

7日目 自分が本当にしたいことを実現する

1日目

今の自分に意識を向ける

【上司や家族、恋人や友人から「君はどうしたいんだ」と言われてはっきりと答えることができますか？】

1

いつも周りの顔色を気にして生きていませんか？

まずは、今の自分を見つめるだけでいい

敏感すぎるあなたが、自分らしく生きるために、1日目はまず、今の自分に意識を向けていきます。

「人間関係で困っているのだから、今すぐ使える人間関係を円滑にするコツを教えてほしい！」

そんなふうに思う人もいるかもしれません。たしかに、心理学を使った、よりよいコミュニケーションをとるためのコツやテクニックは存在します。

しかし、小手先のコミュニケーションのテクニックを身につけたとしても、あなたが抱えている「心のモヤモヤ」はなくなりません。

敏感すぎる人たちは、常に周りの顔色を気にして、自分の気持ちより他人の気持ちを優先して生きる傾向にあります。

何か発言したり、行動したりするときも、他人の気持ちや、自分が他人からどう思われているかばかりを気にします。

これが敏感すぎる人が人間関係で悩みを抱えてしまう大きな理由であり、表面的なテクニックで解消できるものではありません。

つまり、敏感すぎる人は、言動の基準が「自分」ではなく、「他人」にあるのです。

世の中には、さまざまな考えや価値観をもった人が存在します。自分とまったく同じ価値観をもった人とだけかかわって生きていくことはできません。

敏感すぎる人は、敏感であるがゆえに、他人の気持ちに寄り添おうとします。寄り添うこと自体は悪くありませんが、そこに自分の「軸」がないと、さまざまな考えや価値観をもった「他人」に振り回されて、疲弊してしまいます。

だからこそ、敏感すぎる人が自分らしく生きるためには、まず自分自身へ意識を向けることから始めるのです。

そのため、この章では、あなたが自分自身に意識を向けるための問いかけをちりばめながら、敏感すぎる人の心がどのような状態になっているかをお話していきます。

また、他人の軸で生き続けることで、日常生活でどのような悩みや問題が起こるかを、事例を通してご紹介していきます。

ぜひ、心の中で質問に答えながら読み進めてみてください。そして読みながら、「あぁ、自分も同じように他人に振り回されているな～」「今の自分はこういう状態だったのか～」というように湧き上がる思いを素直に感じてください。

注意してほしいのは、「他人に振り回されているから、明日から振り回されずに生きるぞ！」と思わないことです。ただただ、素直に感じることがポイントです。

「こうしなきゃ！」ではなく、「敏感すぎる自分がここにいるな～」だけでいいのです。

そうすることで、ありのままの自分を受け入れられるようになるのです。

1日目のコツ
敏感すぎる
自分が
いるなぁ〜
ただ自分を見つめて
感じるだけでいい。

2

「あなたはどうしたいの?」と聞かれると困りませんか?

自分の意見は言わず、無難な答えを探すことに終始してしまう

あなたは今、どれくらい「自分自身を生きる」ことができていますか?

そんなことを急に聞かれても、そもそも「自分自身を生きる」ことについて具体的にイメージできないという人がほとんどでしょう。では、次の質問はどうでしょうか。

上司から「君の意見を聞かせてほしい」「あなたはこれからどうしたいの?」と言われて、はっきりと答えることができますか?

敏感すぎる人は、常に周りの人の顔色が気になります。職場であれば、上司や先輩、同期、後輩にどう思われているのか常に気になってしまいます。

例えば、会議や発表の場で発言するとき、

●間違ったらどうしよう（使えないやつだと思われたらどうしよう……）

●頭ごなしに否定されたらどうしよう（理解力のないやつだと思われたら……）

●答えられない質問をされたらどうしよう（答えられなかったら嫌われるんじゃないか……）

といった不安に襲われ、必要以上にプレッシャーを感じてしまいます。

また、自分の考えを表現することが苦手で「何が正解なのか？」「相手はどういう答えを望んでいるのか？」ばかり考えてしまい、無難な答えを探すことに終始してしまいます。

会議でいきなり「お前の考えはどうなんだ？」と聞かれるともう最悪です。

会議でいきなり当てられると頭が真っ白に…。
君はどう思う？
あの…
えっと…

頭が真っ白になって答えに詰まってしまい、何も言えなくなることもしばしばです。

これはまさしく、生き方の軸が自分にあるのではなく、他人にある状態です。「自分自身を生きることができている」とは言えません。

友達のSNSの投稿を見て気が滅入ってしまう

常に周りの目を気にして、会議で無難な発言をすることを心がけたり、職場の空気を悪くしないように気をつかったりしている。そんな一日を過ごしていると、会社を出た途端、どっと疲れが襲ってきます。家に帰ると食事もそこそこにベッドに倒れ込む、なんていうことも少なくありません。

帰宅したらしたで、ＳＮＳで友達の楽しそうな様子を見て気が滅入ります。「じゃあ、見なければいいじゃん」と自分でも思うのですが、ついつい気になって彼らの動向をチェックしてしまうのです。

そして、「いったい自分は何をやっているんだろう」「彼らは悪気があって投稿しているわけではないのに、なんで私はこんな気持ちになっているんだろう」と落ち込み、自分を責めてしまいます。

なぜ、ＳＮＳを見て気疲れし、ネガティブな気持ちになってしまうのでしょうか。これも他人軸で考えているからこそ起こってしまう現象なのです。

3

自分にダメ出しすることが癖になっていませんか？

自分にダメ出しをすると、ネガティブな思考から抜け出せなくなる

他人軸で生きていると、無意識のうちに他人と自分を比較してしまう癖がついていきます。

「あの人と比べると自分は……」

そして、つい自分のダメな部分が浮き彫りになったように感じ、「自分はなんでできないんだろう……」「あの人はすごく気がつかえるのに、自分はダメだ。もっと気をつかえるようにならなきゃ……」と自分で自分にダメ出しをし、落ち込んでしまいます。

先ほど他人のＳＮＳを見て落ち込んでしまう例をご紹介しましたが、こうしたケースもＳＮＳ上の友人の生活と自分の生活を比べてしまうことが発端です。

他人と自分を比べ、自分にダメ出しをする癖がつくと自分でどんどんネガティブな思考にとらわれてしまい、自分が嫌いになっていきます。

「そもそも、そんなふうに人に気をつかって疲れている自分が嫌いだし、自分を出せず、周りに流されている自分も許せない」「もう新入りでもないのに自立もできず、成果も残せていない自分が本当に嫌だ……」「やりたいことを見つけられず、自分がなく、自分らしい人生を生きていないことを知っているくせに、それを変えようと行動していない……」

敏感すぎる人に落ち込みやすい傾向があるのは、他人と比較して自分にダメ出しをするからです。

自分にダメ出しを続けていると、自分がだんだん嫌いになっていきます。そしてそんな自分と他人を比較して、ますます自分が嫌いになる――ネガティブな悪循環から抜け出せなくなってしまうのです。

「～しなきゃいけない」は他人軸の考え方

カウンセリングをしていると、

「本当は○○しなきゃいけないんだけど、できないんです。どうしたらいいでしょうか？」

という相談を受けます。

これも自分軸ではなく、他人軸をもとにした考え方です。「～でなければいけない」というのは「社会の目」という名の他人軸で考えていることに他ならないからです。

「もう新人でもないのに自立もできず、成果も残せていない自分が本当に嫌なんです」という悩みも、「新入りを卒業したら、自立していてしかるべき」という「平均的な社会人像」が価値観の軸になっていて、それができていない自分がすごくダメな存在であるように感じるのです。

他にも、

「もっと冷静に話をしなきゃいけないいんだけど、つい感情的になって声を荒げてしまう」

「ちゃんと自分の意見を言うべきなのに、うまくまとめられずに支離滅裂になってしまう」

「これくらいわかっていなければダメなのに、全然理解が進まない」

「ふつうはもう結婚して子どももいる年齢なのに、全然婚活がうまくいかない」

といった悩みを抱えている人は大勢います。


それぞれの悩みのもとになっているのは、「冷静に話をするべき」「自分の意見をちゃんと言うべき」「これくらいわかっているべき」「結婚して子どももいるべき」という考え方です。そこに自分の気持ちは存在しません。敏感すぎる人たちは、このような他人軸で考えたあるべき姿を想像して、そうなっていない自分を攻撃し、責めるのです。

4

自分が本当に好きなものがわからなくなっていませんか？

他人の意見や気持ちを必要以上に重視した結果、起こること

会議で自分の意見を言うことができない、という話を紹介しましたが「何が正解なんだろう？」という思考にとらわれることも、他人軸で生きている人に見られる特徴です。答えを自分の中ではなく、外に求めているからです。

このような人は、例えば、カウンセリングの場で、「あなたはどうしたいの？」と聞かれると困ってしまって「○○すべきだと思います」という「一般的な答え」を述べてしまいます。「いや、そうではなくてあなたの本当の気持ちを教えてほしいな。あなたがしたいと思うことは何？」と聞くと途端に黙ってしまい、「それがわからないんです」となってしまうのです。

さらには、「そもそも自分が好きなものが何かわからないんです」というお話もよく聞きます。

正解を自分の外に求める生き方とは、自分の気持ちを押し殺して生きることに他なりません。その結果、自分の本当に好きなものまでわからなくなってしまうのです。

また自分の気持ちや意志を尊重すべき恋愛でも「相手が自分のことを好きでいてくれているから」という理由で、自分の気持ちに目を向けずに恋愛をする人までいます。

他人軸で生きる癖がついていると、本来、自由であるはずの恋愛が、自由でない窮屈なものになってしまうこともあるのです。

ふとした瞬間に覚える虚無感が意味するもの

このように他人軸で生きることを続けていると、ふとした瞬間に「自分はいったい何のために生きているんだろう？」という気持ちになることがあります。

例えば、みなさんは、友人から「結婚することにしたんだ」「転職が決まった」という報告を受けたときや、同世代の人の成功や訃報のニュースを聞いたりしたとき「自分はいったい何をやっているんだろう」と何とも言えない気持ちになったことはありませんか。

実は、この「自分はいったい何をやっているんだ」と立ち止まる瞬間こそ、自分に意識を向けている状態に他なりません。

逆に言えば、ふと我に返ったときに自分に意識が向くということは、普段は自分に意識を向けていない、すなわち他人に意識を向けている証拠でもあります。普段から自分の軸をもって考え、行動していれば、友人からの結婚のしらせに「自分は何をしているんだろう」と落ち込むことはないからです。

あなたは本当に「自分がない」のか

このようにふと我に返り、道に迷ったことに気づき、交番を訪ねるかのようにカウンセリングやセミナーにいらっしゃる方は少なくありません。

こうして虚無感ややるせなさに襲われて「何のために生きていけばいいのかわかりません」と相談に来られたクライアントさんに私は「自分を取り戻しましょう」というお話をよくさせてもらいます。

自分を取り戻しましょうという話をすると、たいていのクライアントさんはきょとんとした表情で、

「自分を取り戻すってどういうことでしょうか？　そもそも私、自分がないんです。人生一度きりだから好きなことをやりましょうとか、もっと自分を強くもって生きようと言われても、一生かけてやりたいこととかないんです。でも今のままでいいかというとそれも不安なのです」

と話されます。

これまで17年カウンセラーをしていますが、特にここ数年「自分がない」と感じている人が増えてきたことを実感しています。

でも、その人たちは本当に「自分がない」のでしょうか。

ここでみなさんに考えていただきたいことがあります。

誰にも昔は赤ん坊だった時代があったと思います。

それでは「自分がない赤ちゃん」っているでしょうか？　もちろん「自分がない赤ちゃん」なんていませんよね。

「いや、赤ん坊は自分の意見を話さないじゃないか」と思われるかもしれませんが、赤ちゃんは言葉を発する以外の方法で、自分の気持ちに素直に、とことん自己主張をしてきます。

ということは、敏感すぎる人も、かつては自分の気持ちのおもむくままに、素直に自己主張をしていたわけです。誰もが、毎日、今日は何をしようかとワクワクしていた時代があったのです。

それが、人生のどこかで、自分の気持ちを殺し、誰かを優先することを癖にしてしまいました。

この癖とその原因を取り除き、本来の自分を取り戻すこと、これこそがこの7日間で私とあなたとでやろうとしていることなのです。

自分軸で生きるようになると人生が一気に変わり出す

自分を取り戻すということは他人軸ではなく、自分軸で生きるようになるということです。自分軸で生きるようになると、毎日がイキイキと感じられ、何かをしたい衝動に駆られるようになります。動き出したくてウズウズしたり、実際、行動に移すことができたりします。目に見える景色が色鮮やかになり、食べ物の味すら以前よりもはっきりと感じられるようになります。

かつて、セミナーに参加されたある女性は「やっぱり私は海が好き。海のそばに住みたい」と気づき、都内から湘南に引っ越しをされました。通勤時間はグッと延びましたが自分の人生を生きているという実感や充実感を取り戻すことができ、見た目や発する雰囲気がすごく変わりました。そして、あっという間に彼ができ、セミナーから1年経たないうちに名字が変わっていました。

本来の自分を取り戻すと、そんなふうに人生が一気に変わり始めていくのです。

5

嫌われないために「どうすべきか？」を考えてしまっていませんか？

なぜ考えすぎてしまうのか……

「私、考えすぎてしまって行動もしていないのに、疲れてしまうんです……」

敏感すぎる人の中には、このような悩みを抱えている方も多くいます。

「考えすぎてしまう」という行動を心理学的に分析すると、必ずそこには「怖れ」が見つかります。

嫌われる怖れ、間違いを犯す怖れ、失敗する怖れ、バカにされる怖れ、役に立たない怖れ、期待に応えられない怖れ（失望させる怖れ）などの怖れがもとにあります。

そして、敏感すぎる人はその怖れを回避するために「どうすべきか？」を考えます。ですが、これらの怖れは、他人との関係によって生まれるものです。他人を完全にコントロールすることはできないので、どんなに考えても、その怖れが解消されることはありません。だから考えすぎて疲れてしまいます。

「どうすべきか？」と考えること自体、悪いことではありません。「会社のためにどうすべきか？」「困っている人のためにどうすべきか？」と考えることは社会人として大切なことです。

しかし「どうすべきか？」が「(嫌われないために) どうすべきか？」だとすると、いつも他人に振り回され、ビクビクして疲れてしまいます。

「どうすべきか？」と常に考える癖がある人は、その先にどんな怖れがあるか意識してみてください。

「自分さえ我慢すればいい」と思っていませんか？

このように、私たちは他人軸で生きれば生きるほど不安や怖れが強まって「人にどう思われるか」が行動の基準になってしまいます。

そして、この不安と怖れが私たちの言動を萎縮させ、自由を奪います。

そもそもこうした不安や怖れは、周りから「優しい」「真面目」「争いごとを好まない」ように見られている人ほど抱いている傾向にあります。

優しくて、真面目で、争いごとを好まない人は、「迷惑をかけたくない」という思いが強く、自分の弱さを出せなかったり、争いを避けるために我慢したり、調整役に回って自分の意見を言わなかったりすることが多く見られます。

これらの行動のもとには「自分さえ我慢すればいい」という考えがあります。他人軸で生きてきた、真面目で優しい人が陥りやすい考え方です。

6

何かあるとすぐに自分のせいだと思っていませんか？

罪悪感が自分を傷つけ続ける

あらゆる感情の中で罪悪感ほど自分を傷つけるものはないかもしれません。

他人軸で判断し、他人と自分を比べ、「なんで自分はダメなんだ」という感情をもち続けると、「自分は悪い人間だ。だから罰せられる必要がある」という観念を生み出して、常に自分を傷つけ続けます。

罪悪感は自分を傷つけるような思考パターン、行動パターンを次々とつくり出します。例えば、仕事では自分がやりたい職種や活躍できる分野を無意識に遠ざけ、自分が楽しめない、きつい仕事を自分に与えるようになります。

仕事内容がハードなだけでなく、自分を攻撃する上司や、言うことを聞かない部下、ギクシャクした人間関係など、辛い場面を自分に与えます。

また、自分を罰するために、あらゆる苦悩を一人で抱え込むことも珍しくありません。何か問題が起これば「自分のせいだ」と思い、そして、一人でその責任を背負います。ですから、周りに頼ることもできません。あらゆる業務を抱え込んでいっぱいいっぱいになってしまいます。

罪悪感をもっていると恋愛でも幸せになれない人を無意識に選んでしまう

恋愛でも、「罪悪感」をもっていると、自分が幸せにならない相手ばかりを選ぶようになります。

問題のある人を好きになり、なんとかその人を助けようと頑張ります。しかし、相手の要求にすべて応えようとしたり、なんとか相手を救おうと犠牲的に振る舞ったりするので、やがては燃え尽きてしまいます。

そして、助けたいのに助けられない状況は再び自分にダメ出しをする理由となり、罪悪感が強まり、どんどん悪化していきます。

このように、いつも助けが必要な人ばかりをパートナーに選ぶ人のことを「助けたい症候群」と言います。

罪悪感は自分の大切な人をも遠ざけてしまう

その一方で常に罪悪感をもっていると、大切な人と距離を置くようになります。

なぜなら、この罪悪感は「自分は毒である」という思いにまで発展するからです。

それゆえ、恋人はもちろんですが、親しい友人や自分を慕ってくれる人たちを裏切るような行動をとってしまうこともしばしばです。

その結果、まるで逮捕されることを恐れて逃げ回る罪人のように、ビクビクしながら人間関係を築くようになります。

自分を罪人のように扱うため、心が休まることはありません。

自分の「罪」が発覚することを恐れて周りの人たちに気をつかうようになり、どのように思われているのか気になって仕方がありません。

また、自分の罪を償うべく、辛いことばかりを選択するため、頑張っても頑張っても楽にならないのです。

辛い状況をやめることすら許さない

以前、罪悪感の強い男性がカウンセリングに訪れました。

彼は仕事がとてもよくできるのですが、そのせいもあって過酷なプロジェクトに投入されることが常でした。彼はこう話をします。

「これ以上しんどい現場はなかなかないと思います。人間関係はバラバラで、納期は遅れてお客様はいつも怒っている。しかも、なぜか自分が窓口になってその苦情をいつも聞く立場なんです。自分がやったことじゃないのにと不満もあるのですが、でも、やらなきゃいけないと思うので、先方が出してくる無茶な案件にも頑張って応えようとしてしまうんです」

そんな彼はいつも疲れていましたし、休息を勧めても黙って首を横に振るばかりでした。

この男性は「状況を使って自分を責めて」いました。「状況を使って自分を責める」と言ってもピンとこないかもしれませんが、罪悪感という感情は常に自分を罰し、傷つける状況をつくり出します。そのため、辛い現場で仕事をしていても、そこを辞めることを自分に許さないのです。

彼ともこの7日間でみなさんと行っていくような、自分に意識を向け、徐々に自分を許し、自分を愛する作業に取り組んでいきました。

その結果、彼は取引先からヘッドハンティングされ、好条件で転職することができました。新しい会社で彼は厚遇され、マネジャーとしてイキイキと働き始めます。

嬉しそうに近況を報告してくれる彼のその顔は、以前とは別人のようです。かつては無表情で、カウンセリング中もほとんど笑うことなどなかったからです。

ニコニコと新しい仕事場の様子を伝えてくれる姿を見て、「本当に人って変わるんだな」としみじみ感じたのを今でも覚えています。

1日目は今の自分に意識を向けていきました。

読み進めるうちに、自分の軸をもっていなかったり、他人のために頑張りすぎていたり、一人で何でも抱え込んで自分にダメ出しをする癖がついていたり、罪悪感をもっている自分がいたり……。そんな自分に気がついて少し心が痛くなったかもしれません。

ですが、これは素晴らしい第一歩です。まずは自分自身にちゃんと意識を向けられたことを褒めてあげてください。明日はまたもう一歩進んで、少しずつ本来の自分を取り戻していきましょう。

まずは自分自身に意識を
向けられたことを褒めてあげる。

自己肯定感を高めるワーク１

自己肯定感を高めるためにまず大切なこと、それは自分を客観的に見つめることです。そのために有効なのが「書き出すこと」です。頭の中でイメージするだけでなく、実際に書き出したものを見ることで、より客観的に自分の姿を見ることができます。

１日目のワークは以下の問いへの答えを書いてみましょう。

1. 「あなたはどうしたいの？」と上司や家族、恋人や友人に聞かれて困ったことはありませんか？　それはなぜでしょうか？
2. 自分にダメ出しすることはありますか？　それはどんな内容でしょうか？
3. 人に嫌われないために、「どうすべきか？」を考えていませんか？　それはどんな内容でしょうか？
4. あなたの好きなものは何ですか？　それはあなたが本当に好きなものでしょうか？
5. 自分もしくは他人に対して罪悪感を抱いていませんか？　それはどんな内容でしょうか？

2日目

過去を見つめなおす

学生時代、ショックだった出来事は何ですか？

1

どんな学校生活を過ごしていましたか？

敏感すぎる自分になったきっかけを思い出そう

2日目と3日目は自分の「過去」に意識を向けていきます。

1日目で感じた「今」の自分を掘り下げるのです。

1日目で「敏感すぎる自分」「自分軸ではなく他人軸で考えてしまう癖がついている自分」を感じていただけたかと思います。

では、あなたはなぜ「敏感すぎる自分」になったのでしょうか。

1日目でもお話したように、周りのことを気にしてビクビクしている赤ちゃんはいません。

赤ちゃんから大人に成長する過程で、過剰に周りの顔色を気にしたり、自分の気持ちを押し殺さないといけなかったりする経験があったはずなのです。

そんな敏感すぎる自分になるきっかけを思い出してみるのが2日目と3日目の目的です。

ここでもやるべきことは1日目同様、思い出すだけ、きっかけを見つめるだけです。「この出来事が今の敏感な自分をつくったきっかけか〜」と感じるだけでいいのです。もちろん辛い記憶もあると思います。嫌な記憶、忘れたい記憶を思い出すことになるかもしれません。

でも、そんな経験をしたことも含めて「自分」なのです。

思春期の出来事はコンプレックスの原因になりやすい

中でも2日目は主に「思春期の自分」に意識を向けていきます。

思春期というのは小学校の中学年くらいから高校生くらいまでを指します。精神的にも肉体的にも子どもから大人に変わっていく時期です。

カウンセリングをしていると、この思春期に起こった些細な出来事がきっかけで、大人になっても人間関係に異常なほどに気をつかい、疲れてしまっている人に出会うことがよくあります。

この時期は自意識が高まって敏感になり、周りが気になり出します。周りの人と自分を比較することが増え、自分の体もどんどん変化していくため、過敏になりやすく、ちょっとしたことで傷ついたり、コンプレックスを抱きやすかったりします。

気になるのは周りの人の外見や行動だけではありません。「周りからどう見られているのか」「どう思われているのか」も異常に気になります。

思春期の自分を掘り下げていくと、高い確率で人間関係に敏感すぎる自分、人目を異常に気にしすぎてしまう自分をつくったきっかけに出会えます。

2日目のコツ
思春期はコンプレックスを抱きやすい
思春期を掘り下げ
「敏感すぎる自分」になった
キッカケを探る。

2

中学・高校時代、ショックだった出来事は何ですか？

ちょっとしたことでもトラウマになりやすい

周りの目が気になり、人と自分を比較することが癖になりやすいこの時期は「ちょっとしたこと」がトラウマになりやすいものです。

ある女性のクライアントさんは、変化を恐れ、本当はチャレンジしたいことがあるのにいつも一歩を踏み出せないでいました。そんな彼女に、「中学時代や高校時代ショックだった出来事はありますか？　どんな些細なことでもいいですよ」と聞いたところ、このような話をしてくれました。

「中学のとき、少し勇気を出して、いつもとはちょっと違う服でオシャレして遊びに行ったことがあったんです。そうしたら、仲のいい友達から『えー、それ変だよ』と言われたんです。それが予想以上にショックでした。今から思えばたいしたことがないし、友達も笑いながら言っていたので悪気はなかったと思います」

実はこのような些細な出来事でも、心の中でずっとひっかかって大人になった自分に影響を与えていることは少なくありません。大人になってしまえば些細なこと、たいしたことでないと感じることでも、当時の自分にとっては大事件です。

こうしたことがきっかけで、すっかり自分に自信をもてなくなることは少なくありません。例えば、次のような経験をしたことはないでしょうか。

●宿題を忘れて先生からすごく怒られた
●授業中に手を挙げて発表したら間違っていて、みんなに笑われた
●買い物に行ったらお金が足りなかった

こうした出来事がきっかけで、必要以上に「自分はダメだ」と思い込んだり、「間違いを犯さないように、ミスをしないように」と過剰なプレッシャーを自分にかけたりすることが癖になってしまうことがあります。

この癖が大人になっても残り、自分に自信がもてずにいつかミスをするんじゃないかと萎縮する敏感な自分をつくり出してしまいます。その結果、人間関係で消極的な姿勢をとってしまうことも珍しくないのです。

3

中学・高校で一番恥ずかしかった出来事は何ですか？

恥ずかしかった体験を思い出してみる

みなさんは思春期にすごく恥ずかしい思いをした経験はありませんか？
この「恥」というのは思春期の自分を掘り下げるうえで重要なキーワードです。

実際、思春期を振り返ったとき「ショックだった出来事」より「恥ずかしかった出来事」を思い出す人は少なくありません。
体が大人に変化し、精神的にも自立し始め、周りと自分を比較し、かつ、グループで行動しやすいこの時期は「恥ずかしい」とか「恥をかく」ことにすごく敏感になります。

おかしな服を着ていたことも、宿題を忘れることも、答えを間違えるのも、お金が足りないことも、見方を変えれば、どれも「恥ずかしい体験」です。

思春期にはこの「恥ずかしさ」が急激に強くなり、その影響で人に対して平常心で話ができなかったり、意見できなくなったり、時には挨拶すらできなくなったりすることもあります。


さらにこの恥ずかしさが強くなると、自意識過剰になっていきます。

その結果「他人からどう見られているか」「どう思われているのか」ばかりが気になって、自分の気持ちは二の次になります。

行動の面でも「恥ずかしくないように」という意識にとらわれるため、周りの目を気にして自分らしさがまったく発揮できなくなってしまうのです。


一般的にこの「恥」の意識は年齢とともに軽減していきます。人は歳を重ねるといろいろな経験を積んで、よく言えば自信をつけ、悪く言えば頑固になっていきます。頑固というのは「思い込みが増える」とも言えます。

そうすると、人前で発言したり、行動したりするときに、いちいち周りの目を気にしなくなります。

しかし、敏感すぎる人はずっと他人に意識を向けているため、経験を積んでもそれがなかなか自信に変わっていきません。

行動の基準が「恥ずかしくないかどうか」ですから、自分に軸がない状態です。そのまま歳を重ねていくため、人間関係に臆病な状態がずっと続くのです。

恥ずかしいことを思い出してありのままの自分を感じよう

思春期の恥ずかしかった経験として、周りの大人たちから「そんなことして恥ずかしい」とか、「みっともない」という言い方でたしなめられたことを思い出す人もいるでしょう。

本人は恥ずかしいと思っていなくても、大人に「恥」の意識を過剰に刷り込まれているケースです。

このように、大人になってからも思い切った行動がとれなかったり、壁を破れない、自信がないという悩みをもつ人は、この恥の意識が強く影響していることが少なくありません。

恥の意識が強いゆえに、他人の目が気になり、自分の気持ちよりも「他人からどう思われているか」を重視してしまうのです。

みなさんもぜひ、思春期の恥ずかしかった経験を思い出してみてください。恥ずかしかった経験を思い出すことは、決して気持ちのいいことではないでしょう。しかし、些細なことであれ、今でも赤面してしまうような重大なことであれ、そのような体験が「敏感すぎる自分」のもとになっている可能性は大いにあります。

恥ずかしい経験を思い出すと、どのような気持ちになりますか。

まずは過去を掘り下げ、素直に感じること、それが自己肯定感を高めることにつながります。ありのままの自分を認めるために、ありのままの自分を感じましょう。ただ感じるだけでかまいません。「そういうことがあった」だけで今は十分です。

4

「目立ったこと」がきっかけで仲間はずれにされたことはありませんか？

モテるからといって自己肯定感が高いわけではない

思春期は異性の目が気になり、誰もが異性からモテたいという気持ちをもつようになります。

しかし、モテる人が学生時代、自己肯定感を高くもって過ごせるかというと、あながちそうでもないケースを私はいくつも見てきました。

ある女性は中学時代、学校でも評判の美人でした。休み時間になると他のクラスの男子はもちろん、上級生も彼女を一目見ようと教室にのぞきに来るほどです。

「うらやましい」と思う方もいるかもしれませんが、彼女自身はそれがすごく恥ずかしく、また、そうやって目立つことが全然嬉しくありませんでした。

しかも、同級生の女子からは嫉妬と羨望の眼差しで見られます。そして、あるリーダー格の女の子が好意を寄せている男子が彼女のことが好きらしい、ということがわかった瞬間、クラス全員から無視され、悪口を言われるようになったのです。

彼女は中学時代、学校に行くのが本当に嫌で、毎日自分の顔を傷つけたい衝動に駆られていたそうです。その思いは大人になっても残っていて、周りから「綺麗だよね」と言われるたびにすごく嫌な気持ちになったと言います。自分に近づいてくる男性がいても「外見が好みなだけで、私の内面なんて全然見てもらえない」と思うようになったのです。

同じような例は、周りの子よりも体の発育が早かったり、成績優秀で先生に気に入られていたり、お金持ちの家の子だったりするケースでも見られます。

目立つ人は攻撃されやすい

このように思春期で「目立つこと」を嫌うようになるのも、恥の意識が強くなりすぎることが原因です。目立つと攻撃されたり、嫉妬されたりするため、何か一つでも突出したものをもっていると、本来それは素晴らしい長所なのに、逆に最悪の欠点のようにさえ感じてしまうのです。

そして、「みんなと同じ程度がいい」「目立つくらいなら地味でおとなしくしておいた方がいい」といった気持ちになってしまいます。

しかし「みんなと同じがいい」というのは、他人軸で生きていることに他なりません。これでは長所を伸ばすことは難しくなりますし、むしろ、自分で自分の才能を閉じ込めようとしているとすら言えます。

その結果、アイデンティティを喪失し、自分が何者かわからなくなってしまうことも珍しくないのです。

5

失恋で自分を否定された気持ちになったことはありませんか？

「たかが失恋でそんなに落ち込まなくても」が心の傷に

敏感すぎる人が、過度に人に気をつかったり、自分を見失ったり、自信がもてないのは、思春期以降にわかに興味をもち始める「恋愛」が原因である可能性があります。なかでも「大好きな人がいたのにうまくいかなかった」という失恋の体験はしばしば自分の存在を全否定することにつながります。その結果、生きていく希望を失ったり、今後の人生に意味を見いだせなくなったりするのです。

ある女性は、19歳のときに大好きだった人にふられ、ショックのあまりご飯が食べられなくなるなど、すべてのことが手につかなくなってしまったと言います。

さらに悪いことに、毎日泣いて過ごしている彼女の姿を見たお母さんがあるときふと「たかが失恋でそこまで落ち込まなくても」と言ってしまったのだそうです。

その言葉を聞いて彼女はさらにショックを受け、自分なんていない方がいいんだ、とますます引きこもってしまいました。

後にお母さんはその発言について謝ってくれたのですが、このときの傷は彼女のその後の人生に大きな影響を及ぼし、何をするにも自信がもてず、自分をちっぽけな存在としか思えなくなったと言います。

過去の恋愛が大人になってからの人間関係に影響を与えている

現在30歳のクライアントさんからはこんな話を聞きました。

「実は20歳のときに3カ月付き合った彼に二股をかけられて振られたことがあったんです。今から思えばそんなにタイプじゃなかったし、付き合った期間も短いので全然たいしたことないと思うんですけど、当時はすごくショックだったんですよね。そんなに落ち込む必要がないんじゃない？　というくらい落ち込んでいました」

今となればたいしたことのない失恋のように思えても、当時の彼女にとっては大事件であり、それが現在、恋愛がうまくいかないだけでなく、人との距離感がうまくとれず、いつも気をつかいすぎてしまう原因にもなっていました。

そのことを伝えると彼女は「確かにショックだったことは間違いないのですが、いまだに影響があるなんて想像もしませんでした」と意外そうな顔をしていました。

思春期の恋愛は大人の恋愛の3倍以上の濃度がある

異性に興味をもつ思春期はある意味「恋愛至上主義」のようなところもあり、それがうまくいく、いかないがその後の人生に大きな影響を及ぼします。

私のカウンセリングでは恋愛の悩みについて相談に乗ることも多いのですが、経験上、「思春期から20歳前後くらいまでの恋愛は、大人になったときの恋愛よりも3～5倍濃密になる」ように思います。

例えば、20歳の頃に大好きになって3カ月付き合った彼との失恋は、大人に換算すれば「9ヵ月から15ヵ月付き合った大大大好きだった彼との別れ」です。それくらい、思春期の失恋は心理的に影響を与えるものなのです。

思春期の失恋は自分の存在すべてを否定するほどのインパクトがあるわけですから、影響は異性関係にとどまりません。自分には何もいいところなんてないんだ、自分なんて何の価値もないんだ、自分なんていない方がいいんだ、と思い込んだその経験は、仕事にも、対人関係にも大きな傷を残すのです。

大人になってからの失恋で対人関係が180度変わってしまうことも

思春期以降の失恋がきっかけで対人関係が180度変わってしまった、というケースも多く見られます。

ある男性は明るく快活な性格でみんなの人気者でした。仕事もばりばりこなし、将来を嘱望される人材でした。そんな彼が28歳のとき、結婚を考えていた女性にある日突然別れを告げられました。それまで彼女との関係は順調だったため、自分の身に起きたことが受け入れられず、すっかり気力を失ってしまいました。

そして、人間不信になり、職場でもプライベートでも、それまでの明るさが消え、鬱状態に陥ってしまったのです。私がお会いしたのはちょうどその頃だったのですが「誰も信じられないし、すっかり自信を失って何もやる気が起きないんです」とうつむき加減で話されていました。


そんな彼も力ウンセリングを通して失恋を受け入れ、その恋を手放すことで少しずつ元気を取り戻していきましたが、このように、恋愛とは非常に密な人間関係を築くものであるため、そこで大きな傷を負うと他の人間関係に及ぼす影響は小さくありません。

恋愛や夫婦関係など男女関係についてのカウンセリングを数多く行ってきましたが、恋愛がうまくいかなかったことで自信を失い、人間関係に極端に敏感になってしまう人は非常に多いのです。

6

進学や就職で自分を否定されたような気持ちになりませんでしたか？

就職活動での挫折が「人間関係が苦手」につながることも

「挫折」とは、生きていくうえで多かれ少なかれ誰もが一度は経験するものです。失恋もその一つですが、大学への進学や企業への就職にあたっての挫折が、その人に劣等感を与え、自信を失い、自己不信に陥るケースも多くあります。そして、そこから人間関係が苦手になってしまうのです。

例えば、就職活動をしていて俗に言う「お祈りメール」（不採用通知）をもらうたびに、自分を否定されたような気持ちになる人は少なくありません。

もちろん企業はその人自身を否定したわけではなく、本人が否定されたような「気持ち」になっただけなのですが、このような気持ちが続くと自分に自信がもてなくなり、実際に自分で自分を否定し始めてしまうのです。

受験の挫折が敏感すぎる自分をつくることも

このような気持ちを受験で経験する人もいます。

ある男性は有名大学への進学を目指して中学時代から受験勉強に励んできました。模試での判定もよく、彼自身も、彼の周りの人も志望校の合格を確信していました。ところが、試験当日、なぜかいつもの力を発揮できず、結果、不合格に終わってしまったのです。

結局、彼は滑り止めとして合格していた大学に進学することになったのですが、想像以上にそのダメージは大きかったと言います。特に、同級生でその大学に受かることが厳しいとされていた友人が何人も合格したことを聞いて、強い劣等感を覚えることになりました。始めは合格した大学で頑張ろうと思っていたそうですが、受験に失敗した挫折感から無気力な学生時代を過ごしたそうです。

この受験の失敗は彼にとって自己不信を大きく増大させる結果となりました。

何をするにも消極的な性格になってしまい、「どうせ、俺はダメな人間だ」とか「肝心なときに何もできないやつなんだ」と決めつけて、チャレンジを恐れ、劣等感が強くなり、人間関係もうまくいかなくなってしまったそうです。

もともと大学に入ったらやりたかったことや、その先の将来の人生で思い描いていた夢もあったそうですが、受験の失敗によってそのすべてを失い、何の目標ももてなくなったと言います。

自己否定を続けていると、周りの人たちからも否定されているように感じる

挫折により自己否定を続けていると、周りの人たちからも自分が否定されているように感じ「周りの人も俺をバカにしている、ダメなやつだと思っている」と思い込むようになります。

この男性も、他人に対して「どう思われているか」「見下されていないか」という気持ちで接するようになり、人間関係をひどく苦痛に感じていました。

卒業後は営業職に就いていたものの、そんな調子ですから当然数字は上げられず、

厳しい上司だったこともあって常にダメ出しをされていました。そして、ますます自信を失っていきました。

彼とはそのような頃にセミナーで出会ったのですが、何度かセッションを受けるうちにそんな自分の状態から脱したいと思い、自分を変えようと試みるようになっていきました。そしてこの挫折感と向き合い、もう一度将来に希望を持てるよう取り組みを始めました。その結果、彼は国際的に活躍する人間になりたいと新たな目標を定め、20代の後半に会社を辞めて海外留学を決意します。

そして、2年後、一時帰国した際、私に会いに来てくれたのですが、以前とはうって変わったキラキラした目をして将来の夢を語ってくれました。

そして、その頃には大学受験に失敗したことも前向きに捉えられるようになっていたのです。

失敗や挫折は心に大きな心の傷を残します。しかし、その事実としっかりと向き合い、もう一度前向きに人生を捉えなおすことで、本来の自分を取り戻し復活することは十分可能です。

今、本書を読んでくれているあなた自身も、過去を振り返り、心の傷としっかりしっかり向き合っている過程にあります。そして、本書を読み終わったときには、自分自身の人生を前向きに捉えなおすことができているはずです。過去の失敗もいい経験だったと笑顔で振り返れるようになっているでしょう。

私はカウンセラーとしてそうした事例に立ち会えることをとても幸せだと感じると同時に、こうしたケースは、私たち人間の心がとても強いものであることを教えてくれているようにも思うのです。

ポイントは思い出して嫌な気持ちになるかどうか

2日目は自分の思春期を中心に掘り下げていき、ショックだった出来事、恥ずかしかった出来事を思い出してもらいました。

実はショックだったり、恥ずかしかったりする出来事のすべてが、現在の敏感すぎる自分に関係しているわけではありません。

この本を読んで、過去の自分を思い出したとき「ああ、そういうこともあったなあ。懐かしいなあ」という気持ちになるなら、その出来事による傷は癒えているでしょう。

しかし、その出来事が周りから見たらどんな些細なことだったとしても、気分が重くなる、嫌な感じがする、辛くなる、なんか心がざわざわする、といった心地よくない反応があるとしたら、まだその出来事で負った傷の影響が残っている可能性があります。そして、それは敏感すぎる自分をつくった原因になっているのかもしれません。

3日目はさらに自分を掘り下げ、子ども時代の家庭環境に意識を向けていきます。

ぜひ、明日も読み進めながら「どんな気持ちになるか」を意識してみてください。

そして、ありのままの気持ちを見つめてみましょう。

自己肯定感を高めるワーク2

2日目は主に学校生活を振り返り、敏感すぎる自分をつくった原因を探りました。あなたは思春期をどのように過ごしていましたか？　小学校高学年から大学までを振り返り、書き出してみましょう。

1. ショックだった出来事はありますか？　それはどんなことでしたか？
2. 恥ずかしい思いをした出来事はありますか？それはどんなことでしたか？
3. 大きな失恋を経験したことがありましたか？そのとき、どんな気持ちになりましたか？
4. 受験や就職活動で自分を否定されたような気持ちになったことはありますか？

3日目

過去の家族関係を見つめなおす

子どもの頃、お母さん、お父さんはどんな人でしたか?

1

家族との印象的な出来事は何ですか？

楽しかった思い出か、嫌な思い出か

3日目はさらに過去を掘り下げて、家族との関係に意識を向けていきます。

人間関係の土台は、家族との関係によってつくられると言われています。

家族とのよい思い出は自分がちゃんと愛されていたことの証となり、自己肯定感を高める原動力になります。

一方で、印象的な出来事を聞かれたとき、嫌なことを思い浮かべたという人は家族の中で苦しい思いをされてきたのだと思います。そんな人は、今現在、親密な人間関係を築くことを難しく感じているかもしれません。

いい思い出
嫌な思い出
あなたは
どっち!?

ずっと親の顔色をうかがって育ってきた人は、職場でも上司の顔色を常にうかがっていることに気づくかもしれません。子どもの頃、家の中でずっとビクビクして我慢ばかりしていた人は、今の職場でも同じような気持ちで過ごしていることに気づくかもしれません。

子ども時代の家族関係は、すべてではないにせよ、人間関係のベースとなって私たちの人生に大きな影響を及ぼします。そして、敏感すぎる人はそのほとんどが子ども時代の親子・家族の関係の中でその基礎を育んできました。

3日目は、敏感すぎる自分をつくった体験を探るために、家族との関係について、いくつか質問をしていきます。

ただし、ほとんどの子どもにとって親子関係は「それがふつう」だと感じやすいものです。たとえ母親からダメ出しばかりされていても、「よその家も同じだろう」と思い、問題意識をもてません。特に「いい子」として育った人の多くは、親を悪く思わないように自分の気持ちをコントロールしています。

ぜひこの3日目を、自分が今どんな気持ちになっているか、注意深く観察しながら読み進めていきましょう。

2

あなたのお母さんはどんなお母さんでしたか？

お母さんとの関係が人間関係の基礎をつくる

あなたのお母さんはどんな人でしたか？
子どもの頃はお母さんとどんな関係でしたか？

家族の中でも特にお母さんとの関係は人間関係の基礎をつくる大切なものです。「三つ子の魂、百まで」と言われるように、私たちの人格の基礎は、3歳までにその8割が形づくられると言われています。そしてこの3歳までの期間、一番長く一緒に過ごすのがお母さんです。

私たちはお腹の中にいるときからお母さんとの関係が始まり、ありとあらゆるものをお母さんから吸収してきました。言葉を覚えるのも一番身近にいるお母さんが話している言葉を真似ました。価値観や考え方もお母さんのものをベースにして形づくられています。

お母さんが「お金ってほんと汚いものよ。怖いものよ」と語っていたら、あなたはお金がどういうものであるかを知る前から、それは汚くて怖いものという思いをもつようになります。

また、お母さんの口癖が「我慢しなさい」「我慢してえらいね」だとしたら、何でも我慢することを善とするようになるかもしれませんし、逆に親元から離れて暮らすようになると、反面教師的に、我慢できない人になってしまうこともあります。

このように私たちは価値観や考え方をお母さんから学びます。そして、人付き合いの基本法則も、お母さんとの関係から体験的に学んでいくのです。

3 感情的なお母さんに振り回されていませんでしたか？

子どもの頃からお母さんの顔色を気にしていると……

何かあると急に機嫌が悪くなって周りに当たったり、さっきまでご機嫌だったのに急にふさぎ込んだりするなど、感情のアップダウンが激しいお母さんがいます。そんなお母さんに育てられた子どもはどんなことを思うでしょうか。

子どもたちにとってお母さんは絶対的な存在です。ご飯を作ってくれるのも、学校の備品を揃えてくれるのも、服を選んでくれるのも、寝かしつけてくれるのも基本、お母さんです。もちろん、そんなお母さんのことが子どもたちはみんな大好きですから、嫌われたくはありませんし、怒られるのも嫌いですから、できるだけ怒られないように気をつかいます。

お母さんが、急に機嫌が悪くなったり、怒りだしたりする人だったなら、子どもは自然とお母さんの顔色をうかがって育つ子になります。

「今、お母さん、怒ってないかな？　話しかけても大丈夫かな？」

「幼稚園で嫌なことがあってお母さんに聞いてほしいんだけどダメかな？」

「お腹が空いたんだけどお母さん機嫌悪そう。我慢しなきゃ」

そんなことを常に考える子どもになっていくのです。

そして、お母さんを怒らせないように言葉や態度を選んだり、お母さんの機嫌がよくなるようにお母さんの話を一生懸命聞いて励ましたりするようになるのです。

この本をお読みの方の中にも、子ども時代、お母さんの愚痴の聞き役になっていた人がいるのではないでしょうか。もちろん、それはお母さんに怒られないためだけではなく、大好きなお母さんに笑ってほしいから、元気になってほしいから一生懸命話を聞いていたのだと思います。

そして、ひとたび不機嫌になると、ビクビクして言いたいことも、したいことも我慢してお母さんに従うようになります。お母さんの前ではすごくいい子になって迷惑を

かけないようにします。

そんなお母さんとの関係でつくられた人間関係の癖は、学校に行っても、大人になっても周りの人たちへ発揮されるようになります。

相手がどんな気持ちでいるのか、不機嫌ではないか、といったことにとても気をつかうようになってしまいます。

そして、相手の感情に振り回されるようになり、他人の感情に敏感に反応するようになってしまうのです。

4

過干渉なお母さんにコントロール（支配）されていませんでしたか？

子どもを自由にさせているようで、支配しているお母さん

あなたのお母さんはこんなことを言っていませんでしたか？

「ね、○○ちゃんもこっちの服の方がいいと思うでしょ？　だからこっちにしなさい」

「いいからお母さんの言うことを聞いていればいいの！」

「○○ちゃんのためを思ってしてあげてるのよ。なんでわからないの？」

「ね？　○○ちゃんもお父さんのこと嫌いでしょう？　嫌いに決まってるよね？」

こうしたものの言い方は教育熱心なお母さんに多く見られるのですが、何でもあれやこれやと子どもに口出しし、自分の価値観や考え方を押しつけるのです。

お母さんは子どものためを思って言っているのでしょう。

しかし、子どもからすれば、これは自分の価値観や感情を否定されていることと変わりません。自分の意志をもてなくなり、その結果、お母さんの顔色をうかがって物事を決めるようになってしまいます。

ある男性のクライアントさんは、「子どもの頃、お母さんから選択肢を与えられていたが、実はそれを自分で選んでいるようで選んでいなかった」と言います。

お母さんは「プリンとリンゴとどっちがいい？」と聞くそうです。しかし、素直に「プリン！」と言うと、お母さんは顔をしかめて「ここはリンゴでしょう。たくさんあるんだから、リンゴにしなさい」と言うのです。

このようなお母さんの言動は「押しつけ」です。しかし、お母さんとしては「選択肢を示して、子どもに自由に選ばせている」つもりになっているのです。

所有物のように子どもを扱うお母さん

過干渉なお母さんは子どもを自分の所有物のように扱います。

「自分のものだから、何をしてもいいでしょ？」「思い通りにするわ！」と無意識に思っているのでしょう。

こうした考えは、自分の思い通りにならなければ当たり散らしても、怒鳴っても何してもいい、という支配的なものに発展しかねません。

子どもにとってはお母さんにコントロールされた、とても窮屈で、不自由な世界で生きているように感じられます。

このような支配的なコミュニケーションのもとでは、子どもは自分の意志を尊重されないため、だんだん自分の本音をお母さんに言わなくなり、表面上はむやみにお母さんに従いながら、自分の感情を押し殺すようになります。

子どもの頃から「自分で選ぶ」ことができないため、自分の意志をもつこともできません。その結果、「どうしたい？」とか「どう思う？」と聞かれると頭の中が真っ白になってしまうわけです。

お母さんが喜びそうな答えを「自分で選ぶ」子ども

支配的なお母さんのもとで育つと、子どもは、だんだんお母さんの「傾向と対策」を学ぶようになります。お母さんが喜びそうな答えがわかってくるのです。

つまり、「プリンとリンゴ、どっちがいい？」と聞かれたら、「リンゴ！」と笑顔で答えられる演技力を身につけていくのです。もちろん、本当はプリンがいいのですが、そうした気持ちにはふたをします。

そうすると、敏感すぎるうえに器用な生き方ができる子どもは「（お母さんが喜ぶ選択肢を）自分で選んだ」と思うようになるのです。大学への進学も、就職先も、時には結婚相手まで、お母さんが気に入りそうな選択肢の中から「自分で選ぶ」ということをやってのけるのです。

そうしたことが癖になっているので、「自分の気持ちとは関係なく、お母さんが望む選択肢を選んだ」という自覚はもてません。すっかり自分も自分に騙されて「自分の意志で選んだ」つもりになっています。

だから、自分で自分の人生を選んできたはずなのに、「他人に敏感すぎる癖」がそこかしこに出てきてしまうのです。

幼少期だけでなく、思春期になっても過干渉なお母さん

過干渉なお母さんは、子どもが思春期に入ってからも、机の中を見たり、カバンを勝手に開けて中をのぞいたり、友達や恋人からの手紙を読んだりして「ぜんぶ知っておきたい」という態度をとりがちです。

思春期になれば、そうしたお母さんに対して反発するものですが、完全に従属した関係ができあがっていると、その年齢になってもお母さんに「べったり」になります。何をするにもお母さんに判断を仰いで、自分で選択できません。

こうなってくると、お母さんと自分との間の心理的な境界がなくなり、感情の共有が始まります。お母さんが笑っていると自分も嬉しいけれど、お母さんが不機嫌になると不安になり、お母さんが怒り出すと何かしてしまったんじゃないかと恐怖心を抱きます。そして、それが現在に至るまで、人間関係の基本として残るのです。

過干渉なお母さん
どれ
どれ
お母さんが喜びそうな
選択をしていませんでしたか？

5

心配性なお母さんのことをいつも気にしていませんでしたか？

お母さんの「お母さん役」になっていませんでしたか？

自分の価値観を押しつけてくる過干渉なお母さんがいる一方で、常に自信のないお母さんもいます。

自信のないお母さんはいつも子どものことを心配しています。病気にならないか、忘れ物はないか、学校でいじめられていないか、ちゃんとした大人になってくれるか、いつも考えています。

もちろん、子どものことだけでなく、自分のこと、お父さんとのこと、お金のこと、親戚付き合いなどにもあちこちに不安があり、ちょっとしたことであっても、気にしすぎるくらい心配をします。

そんなお母さんですから、あれこれ心配して、世話を焼きます。「転ばぬ先の杖」ではないですが、過保護になりやすいのです。

そうしたお母さんのもとで育った子どもは、お母さんをなんとか助けようとしっかりした子になることが多くなります。いつもお母さんのことを気にかけ、話を聞いてあげ、そして、安心させてあげようと励ましたり、笑わせたりします。お母さんもそれに応えてくれることも多いので、一見、親子関係は順調なように見えます。

しかし、よく見れば、このようなお母さんと子どもは、親子関係が逆転しているとも言えます。

心配なことを打ち明けるお母さんが娘役、その話を聞いて励ます自分がお母さん（お父さん）役というように、です。

実際、親子関係がひっくり返ってしまっていることは案外、多いのです。

「あなたはお母さんのお母さんをずっとやってきましたね」

「あなたは一生懸命お母さんを助け、支え、まるでお父さんや旦那さんのように頑張ってきましたね」

そのように言われたらあなたはどんな気持ちになるでしょうか。

お母さんが好きだから自分を後回しにする

子どもがそこまで頑張る理由は、もちろん、お母さんのことが大好きだからです。でも、それと引き換えに「自分のことは後回し」という自分を犠牲にする癖がついてしまいます。

心配性のお母さんのもとで育った子どもはいつもお母さんのことを気にしています。「お母さん、大丈夫かな？　今、不安になってないかな？　話を聞いてあげた方がいいかな？」と気になってしまいます。

また、お母さんが心配性ですから、迷惑をかけないように、不安にさせないように「ちゃんとすること」を優先します。

その結果、自分の気持ちや意志を隠すようになってしまいます。大人になって自分の気持ちがうまく表現できなかったり、自分を後回しにして誰かの意見を優先させようとしたりする人は、そんな子ども時代を過ごしていたのかもしれません。もしも、弟妹がいたのなら、お母さんの代わりに面倒を見ることもよくあったはずです。「そんなことしたらお母さん困るでしょ？　やめなさいよ」と、まさにお母さん代わり、お父さん代わりのようなことをしてきたのではないでしょうか。

このように常にお母さんを気にかけ、心配をかけないことを最優先に子ども時代を過ごすと、大人になっても周りの人の気持ちに敏感になり、自分の気持ちを出せなくなります。

しっかりしているので周囲からあてにされることが多い反面、お母さんに対してしていたように、「自分がちゃんとしていればいいんだ」と一人で背負い込んで余裕をなくしてしまうのです。

6

かまってくれないお母さんのもとで寂しさを我慢していませんでしたか？

お母さんに嫌われているんじゃないかと思ったことはありませんか？

今度は真逆のケースをご紹介しましょう。

子育てをしているお母さんがみんな子どものことが好きかというと必ずしもそうではなく、本当は仕事をばりばりしたかったのに、妊娠したから退職して家に入った方もいれば、仕事や趣味など、自分の世界をもっていて、子育てよりもそちらの方を優先させるお母さんもいます。

そんなお母さんの中には、子どもとうまく接することができずについ冷たくしてしまう人がいます。子どもの気持ちに寄り添うことができず突き放したり、子どもがなついてきても受け入れられずに拒否してしまうのです。

当然ですが、そうしたとき子どもはとても傷つきます。もちろん、お母さんにもそうならざるを得ない事情があったのですが、子どもはそんな事情はわかりません。結果「私は嫌われている」と思うようになります。

「お母さんに嫌われている」という意識をもつようになると、お母さんに話しかけることすら、子どもは躊躇するようになります。

このような経験をしたことはないでしょうか。

●ゼッケンを体操服に付けてもらわなければいけないのに、お母さんが裁縫が苦手なのを知っているから、お願いするのに何日もかかった

●授業参観に来てほしかったけど、なかなか言い出せず、ようやく言えたのが当日で「なんで今頃言うの？」とひどく怒られた

●発表会があるから観に来てほしいと頼んだら、冷たく「仕事だから無理」と言われて、すごくショックだった

こういう冷たいお母さんは、本当に子どものことが嫌いというよりも、どうしていいかわからなかった、という人も多く、お母さん自身もそうした態度をとってしまったことに罪悪感をもっていることが少なくありません。

とはいえ、子どもからすれば、お母さんに嫌われた、好かれていない、冷たく扱われるという経験をするため、常に寂しさを胸に抱えています。あなたも、辛くて一人で泣いたということがあったかもしれません。

このケースでも、お母さんの顔色を常にうかがう癖がつき、それが「敏感すぎる自分」が生まれる原因にもなります。

また、お母さんと心理的に離れた距離にいるため、他人とも距離をとりがちになり、人とどう親しい関係をつくればいいかわからないとか、フレンドリーに会話をするのが苦手、という問題も抱えやすくなるのです。

放置するお母さん
参観日
来てほしかった…。
さびしい…
私のこと嫌いかも…

7

怖いお父さんに すごく気をつかっていませんでしたか？

怖いお父さんのもとでは心が常に萎縮している

お母さんとの関係だけでなく、お父さんとの関係が、敏感すぎる人を育んでいることもあります。

あなたのお父さんはどんなお父さんだったでしょうか？

最近のお父さんはすっかり優しくなり、「イクメン」なんて言葉も一般的になりましたが、かつては厳格なお父さんも珍しくありませんでした。また、お酒を飲んで暴れたり、何かあると暴力に訴えるお父さんだった、という方もいらっしゃるのではないでしょうか。

厳格なお父さんは言葉づかいや躾《しつけ》に厳しく、また、勉強や習いごとに対してもきちんと結果を出すことを求めます。期待通りの成果があげられないと人格を否定するくらい厳しく怒られることもあります。

昔は体罰を是とする風潮もありましたから、そんなお父さんに手をあげられた経験のある方もいらっしゃるかもしれません。

もし、あなたが厳格なお父さんや、暴力を振るうお父さん、お酒におぼれるなどして感情的に暴れているお父さんのもとで育ったとしたら、心は常に萎縮して、緊張状態にあったはずです。

そうしたお父さんは過干渉なお母さんと同じで子どもを自分の所有物のように捉えているところがあり、子どもが自分の思い通りにならないと怒鳴りつけたり、何時間も説教をしたり、外に放り出すなどの罰を与えたり、暴力に訴えたりします。

また、直接子どもには手を出さなくても、「お前の躾がなってないからだ」とお母さんに暴力を振るうお父さんもいます。それを震えながら見ていた子どもは、まるで自分が殴られているのと同じ衝撃を心に抱えてしまいます。

厳しいお父さんの場合、その態度は愛情や期待の裏返しであることも多いのですが、子どもとしてはただただ怖いだけで、お父さんだけでなく、常に他人の顔色を気にするようになりがちです。

その癖が抜けきらず、学校でも、社会に出ても、周りの人の顔色をビクビクしながらうかがう、敏感すぎる人になってしまうのです。

8 反抗期はありましたか？

親から自立することができているか

あなたに反抗期はありましたか？
ちゃんと親に反抗してきましたか？　それとも我慢して言いたいことを飲み込んで過ごしてきましたか？

反抗期があったかどうかは、敏感すぎる自分を掘り下げていくとき、とても重要なポイントです。

思春期になると、親の言うことに対してたてついたり、無視したりして、関係がギクシャクする時期が出てくるのですが、これが反抗期です。

心身が大きく成長し、変わるため、ただでさえ人目が気になり、過敏になります。自分でも理由がわからないまま不機嫌になったり、精神的に不安定になったりした記憶のある人もいるでしょう。この反抗期は大人になるうえで、とても大事な時期で、親に反抗することによって精神的に親から自立していきます。

ところが最近は反抗期のない子どもたちが増えています。反抗することで自分を確立し、自分のやり方、生き方を模索していくはずなのに、反抗期がないといつまでも精神的に親の庇護《ひご》下に置かれたままになります。つまり、自分の意志や意見をもてずに親の顔色をうかがい、親の意見にむやみに従うことしかできなくなるのです。

特に親が厳しかったり、コントロールするタイプだと、子どもからすると反抗する余地がなくなります。何か言っても感情的、あるいは、論理的に否定されますし、自由に行動しようとしてもやはり止められます。

そもそも、それまで自分の意志をもたないように育てられていれば、いざ思春期になり、反抗期に入ろうとしたところで、力ずくで押さえつけられるのは目に見えています。反抗期がないまま育つことで自分軸を確立できないのです。

反抗期は
ありましたか?

本来は反抗することで
自分の生き方を模索していく。

9

家族からどんな言葉をかけられていましたか？

自己否定につながる言葉とは

敏感すぎる人たちの話をうかがっていると、子ども時代、親、時に祖父母や親戚などから、こんな言葉をかけられた人が多いことがわかります。

「あんたなんて産まなきゃ良かった」

「あんたがいなきゃ、お父さんと離婚できるのに」

「あんたがいたから、私は自由じゃない」

「どうして、私があんたの相手をしなきゃいけないんだ」

「あんたよりも妹の方がずっとかわいい」

「あんたがいなくなってもお兄ちゃんがいれば全然問題ない」

女性であれば、親や親戚から「あなたが男の子だったらよかったのに」と言われたことはないでしょうか。

都会よりも田舎で多く見られるケースですが、跡継ぎや墓守として長男がほしいのに、女の子しか生まれなかった場合、露骨にそれを嫌悪する人たちもいます。

これらは、自分の存在意義を否定する発言として、深い傷となって言われた側の心に刻まれます。

そして、

「私は生まれてきちゃいけなかったんだ」

「自分は迷惑な存在なんだ」

「私なんていない方がいいんだ」

という思いを抱きます。

自分の存在に疑いや否定的な感情をもつようになるわけですから、どこにいても周りに気をつかうようになりますし、周りの目を気にするようになります。

その結果、人に対して気をつかいすぎたり、顔色をうかがったりする敏感すぎる人になっていくのです。

カウンセリングなどで敏感すぎる人の家族関係を紐解いていくと、お母さんやお父さんなどとの関係や、親戚から言われた言葉による自己否定がその人の心に少なくない影響を及ぼしています。

自分をこの世に誕生させてくれた存在なのに、家族との関係性の中で、自分の存在を否定されているような気持ちになるのは、考えてみると悲しいことです。

でも、そんな悲しい気持ちも、今日でおしまいです。

4日目からは、この3日間で掘り下げていった自分を受け入れ、自分の軸を確立していきます。

自己肯定感を高めるワーク3

3日目は家庭環境を振り返り、敏感すぎる自分をつくった原因を探りました。

あなたはどのような家庭で育ちましたか？　幼少期の自分を振り返って以下の質問に答え、書き出していきましょう。

1. 家族との印象的な出来事は何ですか？　一つひとつ書き出してみましょう。
2. それはいい思い出でしょうか？　辛い思い出でしょうか？
3. 子どもの頃、お母さん、お父さんはどんな人でしたか？
4. お母さんやお父さんに「振り回された」「コントロール（支配）された」あるいは、お母さんやお父さんのことを「いつも心配していた」とか、「寂しさを我慢していた」ということはありませんでしたか？
5. 思春期の頃に、反抗期はありましたか？
6. 家族からかけられた言葉で印象的な言葉はありますか？　それを聞いてどんな気持ちになりましたか？

4日目

自己肯定感を高める

自分の素直な気持ちを否定していませんか？

1

最近、人から褒められたことを思い出す

自分に意識を向けたら、自己肯定感を高めていく

この3日間で、今、学生時代、子ども時代の自分を振り返り、それぞれに意識を向けてきました。

4日目は、いよいよ、あなたが自分らしく生きるための「自分軸」を確立していきます。敏感すぎる人は、何かを考えたり、行動したりするときの判断軸を、他人の価値観に置いて生きていると述べてきました。この軸を自分に置いて生きていけるよう、考え方や心のあり方を変えていきます。

他人軸で生きていた人が自分軸で生きるためには、ただ意識を自分に向けるだけで

はいけません。自分に意識を向けたうえで「自己肯定感」を高めていくことが必要です。改めてこの自己肯定感についてお話をしていきたいと思います。

自己肯定感が低いとどうなるか

自己肯定感とは、「自己＝ありのままの自分」の「肯定感＝認めている気持ちや、感情」のことです。1日目～3日目で今や過去の自分に意識を向けてきたのは、「自己＝ありのままの自分」を認識していただきたかったからです。これは、自己肯定感を高めるための第一のステップと言ってもいいでしょう。

自己肯定感の高い人は、何かうまくいかないことがあっても「ま、そういうときもあるさ」と思って自分を責めません。間違ったことをしたな、と思ったら、素直に謝り、反省し、同じミスを繰り返さないように気をつけます。

一方、自己肯定感の低い人は「自分を肯定できない」、つまり「自己否定の強い人」です。すなわち、生き方の軸を自分に置けない、敏感すぎる人そのものです。

自己否定が強いと、いつも自分を悪者にして「自分がいけなかった」「何か足りなかったんじゃないか」「人に迷惑をかけてしまった」などと自分を責めるのです。

褒められているのに自分を責めてしまう人

ある女性のクライアントさんのケースをご紹介します。

「上司は私のことをいろいろと褒めてくれます。仕事が丁寧だとか、資料を上手にまとめるとか、身だしなみもちゃんとしているとか、よく気がついて先輩のフォローもやってくれるとか。それはとても嬉しいのですが、ただ、あるとき最後にぽろっとこう言ったことがあったんです。『もう少し仕事が早くできればなあ、言うことないんだが』。私は、この言葉が頭から離れなくなってしまいました。それまで褒められて嬉しかった気持ちがぜんぶ吹っ飛んでしまったのです」

彼女も気づいているように、上司に悪気はなかったと思います。むしろ、彼女のことを手放しで褒めています。しかし、彼女は自己肯定感が低かったため、自分を肯定できず、ぽろっと言ったひと言に執着し、自分を責めてしまっているのです。

自己肯定感が
低いと
ダメなところばかり
探してしまう
よく
できてるじゃ
ないか！
これくらいで
褒められる
なんて…。
あれは
できないし…

なぜ褒められたことを思い出せないのか

自己肯定感が低い人は、常に自分のダメなところを探す癖があります。そして、たとえ、人から褒められたり、認められたりしても、少しでも否定されたり、批判されたりすると、そちらに意識をフォーカスしてしまいます。

ここで紹介した彼女は上司が褒めてくれた内容をよく覚えていたのでまだいい方だと思います。

しかし、敏感すぎる人の中には、褒められたことすら覚えていない人もいます。自己肯定感が低く、自分を褒める言葉は無意識のうちにスルーして、自分を責める言葉だけを受け止めてしまうのです。

みなさんは、最近人から褒められたことはありますか？

「褒められた記憶なんてない」という人も、それは自己肯定感が低いがゆえに、あなたを肯定してくれた言葉を、無意識のうちにスルーしてしまっているだけかもしれません。

2 自分の価値を瞬時に知る方法

あなたには本当にいいところなんてないのか

自己肯定感が低いと「自分の価値」に気づけません。気づけないというより、自分に価値があるのかまったくわからない、という感覚のほうが近いでしょう。自分にはいいところなんて何もないと感じており、先ほどご紹介したように、たとえ褒められたとしてもそれを素直に受け取ることができません。

敏感すぎる人は、他人軸で生きているため、他者評価がすべてにおいて優先されます。他の人に認められて初めて自分には価値があると感じます。

それにもかかわらず、自己肯定感が低く、自分を責めてばかりいるため、仮に褒められることがあっても、それを「いや、そんなことはない」「そんなわけがない」と次々否定し続けます。自分のいいところを見つけて褒めてもらっても、それを頭ごなしに否定していたら、それは褒められなかったのと同じです。だから、自分の価値に気づくことができず、自分には価値なんてないと思ってしまうのです。

それでは、自己肯定感の低い人が、自分の価値を知るにはどうしたらいいのでしょうか。実はこれは、とても簡単に知ることができます。まずは、自分の周りの人のことを思い浮かべてみてください。

周りの人の魅力はあなたの魅力

あなたの周りにはどんな魅力をもった人たちがいますか？

例えば、前向きで明るくて、何事もチャレンジしていく人が多いとか、賢くてスマートな雰囲気の人が多いとか、美人で凛とした雰囲気の人が多いとか、人の気持ちがわかる、優しくて気づかいができる人が多いとか――。

実はそれ、あなた自身の魅力なのです。

「えーっ！　そんなことない‼」と否定したくなるかもしれませんが、これは「投影の法則」という心理学の基本的なルールを使った魅力発見法です。

私たちは自分にないものは人には見えません。

したがって、周りの人が優しいな、と感じたとき、あなたの中にも優しさがありますし、綺麗な人が多い、と感じたならば、あなたの中にも美しさがあるのです。

私もかつてはそうだったので、そんなことない！　と否定したくなる気持ちは理解できます。しかし、それを認めてない（認めたくない）自分がいるだけで、真実なのです。

「今の自分はそうは思えないけれど、そういういいところもたくさんあるんだなあ」

ぜひそんな思いで受け止めてみてください。

3

自分の感情を素直に受け入れるには

素直に感じたことを否定しない

自己肯定感を高めるためにまず意識してほしいことは、自分の感情を否定しないことです。素直に感じたことを否定することは、ありのままの自分を否定することにつながるからです。

敏感すぎる人たちは自分の素直な感情を否定してしまうことが珍しくありません。

例えば、職場に苦手な人がいるとします。その人は自分とは正反対で何でも言いたいことを言い、感情が顔に出るタイプです。そういう人は裏表がないように見られるため、案外、職場の人気者になるケースが多いのですが、人に気をつかって言いたいことを我慢してしまうあなたからすれば、とても苦手に感じます。

このとき、自己肯定感が低い人は、この「苦手に感じている自分」を否定してしまいがちです。

「あの人はみんなに好かれている。そんな人を苦手だって感じている私っておかしいんじゃないか？」

他にも「この程度のことで怒ってしまう自分はまだまだ未熟だ」とか「みんなが笑っているのに笑えないのは、自分がおかしいからだ」とか「昇進が決まって喜んであげなきゃいけないのに、逆に嫉妬している自分はどこか変なんじゃないか？」みたいに思うこと、ありませんか。

嫌なものは嫌、好きなものは好きでいい

あなたがどのようなことを感じたとしても、感じてしまったものは、それがたとえ他の人と違っていても真実です。ですから、「周りの人は何とも思ってないみたいだけど、私はなぜか嫉妬しちゃうんだよなあ」と、まずは湧き上がってきた感情をそのまま受け入れることが大切です。

私は湧き上がってきた感情をそのまま認められるように、「感情は天気みたいなもの」という話をします。

例えば、楽しみにしていたデートの日でも、雨が降ればそれが真実です。雨が降るのを止めることはできません。待ち合わせ場所に行くには傘をさす必要があります。

感情とはここでいう雨みたいなものです。感情を否定するとは、雨が降っているのに「なんで雨が降っているんだ？　雨が降るなんて間違っている！」と言って、傘をささずに出かけるようなものです。それでは風邪をひいてしまいますし、デートがうまくいくとも思えません。

どんな感情でも、雨が降っているから傘をさすように、まずはただそれを受け入れるしかないのですが、敏感すぎる人はそれがなかなかできません。

「こんな些細なことで怒ったら相手を困らせる」とか「この程度のことで寂しがっていたら恋人に迷惑をかける」などと相手の気持ちを考え、他人軸で行動してしまうからです。

嫌なものは嫌、いいものはいい。自分の気持ちに素直になってみませんか？

感情は天気みたいなもの

4

自分で自分の味方になる

不完全で不器用な自分を認める方法

自己肯定感を高める、ありのままの自分を認めるには、今の自分を受け入れることです。

それは、不完全で不器用で思い通りにならない自分の気持ちを、否定することなくただ受け入れることです。できないことをできないと認め、わからないことをわからないと認めることです。

たとえ、笑顔にならなければいけない場面なのに笑顔がつくれなくても、そんな自分にダメ出しをするのではなく、そのような自分に寄り添い、味方になってあげるのです。

「それがなかなかできない……」という人でも、身近にいる大切な人に対しては、同じことができていませんか。大切な友達や恋人に対しては、相手のダメな部分も不器用な部分も認めてあげてきませんでしたか。

大切な友達に接するように自分に接してみよう

今度はそれを自分自身に対してしてあげるのです。大切な友達に接するように自分に接してあげてください。

辛いときには辛いと認めてあげていいのです。悲しいときは悲しいと、寂しいときには寂しいでいいのです。

そして、そういう自分を他でもない自分が抱きしめてあげましょう。

自分の気持ちを否定して、隠してしまったら、誰もその気持ちに気づけないし、抱きしめてあげることができません。

辛いときは正直に辛いと〝まずは自分が〟認めてあげることが何よりも大事です。

そうして自分が自分の味方になってあげるのです。

5

落ち込んだときに、自己肯定感を高める二つの言葉

「これが私だから」「これも私だから」と唱えてみる

ありのままの自分を認めることとは、自分がいいと思う部分も、悪いと思う部分も認めることです。

いい自分も悪い自分も認めるポイントは「これが私だから」「これも私だから」という姿勢をもつことです。

ありのままの自分を認めるために、自分のいい部分を見つけたら「これが私だから」と心の中で唱えてみてください。

反対に、自分の悪いと思う部分、嫌な部分を見つけたら、「これも私だから」と心の中で唱えるのです。

これは仕事がうまくいったとき、うまくいかなかったときも同じです。あなたが、仕事で褒められたり、成績が上がったり、思い通りに商談が進んだりしたら、「これが私だから」と心の中で唱えてみてください。

逆に失敗したり、怒られたりしても「まあ、これも私だからね」と唱えてみてください。「これも私だ」と受け入れることで、自分を否定する癖を一瞬やめることができます。

仕事で自分を責めてしまいそうになったら

例えば、こんなシーンを想像してみてください。

あなたは新しい商品を取引先にプレゼンしました。新商品について一通り理解し、資料もちゃんと揃え、緊張していながらもプレゼンを滞りなく終えることができました。これで終わりだ、と思った矢先に、先方の担当者の手がすっと挙がり、想定していなかった質問をされました。あなたは一瞬頭が真っ白になり、どう答えていいかわからないまま、とりあえず一旦、社に持ち帰り、後日改めて回答をすることでその場を収めました。

もし、あなたなら、その後、どんなふうに一日を過ごすでしょうか。

「なんでもっと準備をしておかなかったんだろう……」、と後悔しませんか。また「私のせいで取引先に嫌われたんじゃないか」「私のせいで上司に迷惑をかけてしまったんじゃないか」と自分を責めてしまいませんか。

敏感すぎる人は敏感であるがゆえに、さまざまなことに気づくことができ、完璧主義になりやすい傾向があります。つまり、何事も完璧にこなそうとして、ミスをひどく恐れます。

完璧を求め、ミスを恐れるようになると、今回のプレゼンのようなケースが発生した際、ひどく自分を責めてしまうのです。

まずはできたところを褒めてあげる

では、こうしたケースで自分を認め、自己肯定感を高く保つにはどうすればいいでしょうか。

先ほども紹介したように、できたこと、うまくいったことは「これが私だ」と認め、うまくいかなかったことは「これも私だ」と受け入れることが大切です。ポイントはできたこと、うまくいったことから考えることです。そして「よくやった」と褒めてあげましょう。

●滞りなくプレゼンが進められたこと
●そのための準備がきちんとできていたこと
●質問に答えられなかったときに嘘やいい加減な回答をするのではなく、社に持ち帰って後日報告するという回答をしたこと

今回のケースでは、これらのことは、できて当然と思わずに、「よくやった」と認めてあげるべきところなのです。

できなかったことは「後輩に声をかけるように」言ってあげる

では、頭が真っ白になって、すぐに質問に答えられなかった自分をどう「受け入れる」のがいいのでしょうか。「これも私だ」と認めようとしても、ひどく落ち込んでしまっていたら、なかなか難しいかもしれません。

このようなとき、私がお勧めしているのが「まったく同じことをした後輩には何て言ってあげるかを考えて、それを自分自身に言ってあげる」ことです。

もし同じことを後輩がしたのならば、あなたは何と声をかけてあげますか。

「お前もちゃんと頑張ってやったんだから大丈夫だよ。想定外の質問に答えるのはベテランでも難しいことだよ。『社に持ち帰ります』と言えただけでもすごいよ。それに他の部分は完璧だった。それだけできれば十分だよ」というように、できた部分について褒めてあげるでしょう。

それをぜひ、自分自身に言ってあげてほしいのです。そのうえで「これも自分なんだな」と受け入れてみてください。

6

どうしても自分を受け入れられないときは

受け入れられない自分も受け入れる

「後輩に声をかけるように」という話をすると、「後輩にはそう言ってあげられるけど、なかなか自分には言いにくいです」と言う人もいます。

実際、失敗した自分を受け入れるのが簡単にできないときもあるでしょう。

「ありのままの自分を認める」というのは、「そのように簡単には自分を認められない自分もまた認めてあげる」ことを目指しています。

つまり、「後輩に言ってあげることを自分に言うけれど、それでも自分を認められない自分を認める」ということです。少し、ややこしいかもしれません。

まずは、その後輩に向けたセリフを一度、自分に言ってあげます。

そして、それに対して、「やっぱり受け入れられないよ。自分の場合は」と思った自分に、「そうだよな。それがお前だもんな」というように声をかけてあげるのです。

心の中の自分と対話する

「ありのままの自分を認める」というのは、できない自分、認められない自分も受け入れる行為であり、心の中の自分との対話そのものだと言ってもいいでしょう。

あなたは心から湧き上がってくる声に対して、いつもそれを認め、受け入れるのです。

あなた「お前はよくやってるよ。ちゃんとできたじゃないか」

心の声「でも、そうは思えないんだよね。だって質問にちゃんと答えられなかったわけだから」

あなた「そうだよな。そういうふうにさらにちゃんとやろうと思っているところがお前らしいよね」

心の声「ちゃんとやろうとしてできないんだからダメだよ」

あなた「そう思うところが、お前の前向きなところなんだろうね」
心の声「確かにそうだけどさ。やっぱりダメだと思っちゃうんだよね」
あなた「そう思っちゃうのも今のお前だったら仕方ないよ。それがお前なんだからさ」
心の声「確かにそうなんだよね……。それが自分なんだよね……」

このような感じです。

敏感すぎる人は、もともと優しい心をもっています。ですから、このような対話を他人に対してはできていることがほとんどです。

この「心の声」との会話、友達や後輩とはよく交わしていませんか。今度はそれを自分自身と行うのです。

7

一瞬で自分に自信をもつ方法

自信＝経験×自己肯定

私はいつも、自信とは「経験×自己肯定」という方程式で成り立っている、という話をします。

どれだけ素晴らしい経験をしても、それを自分が認めてあげなければ、そして、周りがどれだけあなたを認めても、それを自分が受け入れなければ自信にはなりません。

まずはどんな小さな経験でもいいので、ぜひ自分に対して「本当によく頑張った！」と言ってあげてください。

頑張った自分にマルをつけてあげよう

自分は頑張ったことなんてないという人であれば（そんなことはないんですよ）、2日目、3日目に思い出したショックだった出来事、恥ずかしかった出来事に対して、「頑張ったね！」と言ってあげるだけでいいのです。

- お母さんの愚痴を一生懸命聞いて励ましてきた
- 夫婦喧嘩が絶えない両親の間に入っていつも仲介していた
- 精神的に弱いお母さんを頑張って支えてきた
- 親の期待に応えようと一生懸命勉強して大学に行った
- みんなに迷惑をかけないように、ブラスバンドの練習を頑張った
- 失恋して辛かったけど、頑張って仕事に行った
- 仕事が終わらなくて徹夜して何とか資料を仕上げた
- 会社を辞めたいという後輩の話を深夜まで聞いてあげた

●お父さんが病気になったとき、仕事をやり繰りしながら病院通いをした
●恋人が資格試験を受けるので頑張って応援した

このような自分に対して「本当によく頑張った！」と言ってあげてください。

もし可能なら、「頑張ったね！」と言いながら、心の中で「〇《マル》」をつけるイメージをもつといいでしょう。

この「経験」には、結果が伴っていなくてもかまいません。残念な結果になっていたとしても、それだけ一生懸命その人の力になろうとしたし、期待に応えようとしたし、誰かのために自分を犠牲にしてきたのです。それはとても素晴らしいことです。

それをただ認めるだけで、自分に自信がもてます。自分軸で生きる力を与えてくれるのです。

私はセミナーの後などに「あの部分はもっとうまくやれたな」と思うことがあっても「でも、それは次への課題にしよう。自分なりにベストを尽くしたし、ＯＫ！　ＯＫ！」と自分に言ってあげるようにしています。

完璧さを求めてもきりがありません。できたところを見つけてＯＫ！　を言ったり、「○」をつけてあげるようにしてください。

４日目は自分軸を確立するために、自己肯定感を高める考え方をお伝えしました。自分に意識を向け自分軸を確立することができたら、いよいよ、自分以外の人との関係性に目を向けていきます。

自己肯定感を高めるワーク4

4日目に行うことは「自分軸」の確立です。質問への答えを書き出して、自己肯定感をあげていきましょう。

1. あなたの周りにいる素晴らしい人を思い浮かべてその人たちの特徴を書き出してみましょう。それがあなたの価値であり、魅力です。

2. 2日目、3日目のワークで書き出したショックだった出来事やお母さんなどとの関係の横に、そのとき感じたことを素直に書き出してみましょう。

3. ②で書き出した文字の上から○をつけて、「よく頑張ったね！」と自分自身に言ってあげましょう。

5日目

自分のペースで人間関係を築く

「自分と相手、どちらを優先しますか?」

1

他人とどう距離をとっていいのかわからない人へ

心のブロックを取り除く「許し」

1日目〜4日目で自分に意識を向け、肯定し、軸となる自分づくりを行いました。

とはいえ、いざ自分の軸をもって他人と接しようとすると、これまで他人の気持ちを優先してきたため、どうしても自分の気持ちを優先することにモヤモヤしたり、悩んだり、苦しんだりと、「痛み」が発生することがあります。

そして、この「痛み」が心理的ブロックになり、人間関係を辛く感じたり、苦手意識をもったりしてしまいます。

ですが、この痛みを感じたくないがために、他人軸でコミュニケーションをとるようになってしまうと、また振り出しに戻ってしまいます。

そうならないために5日目は、この心理的なブロックになる「痛み」を取り除くことから始めていきます。

この「痛み」を取り除くために最も有効なのが「許し」という心理的なアプローチです。

自分軸で考えるからこそ許すことができる

痛みが発生するとは、心に傷があることを意味します。この傷を守ろうと私たちはコミュニケーションをとる際、相手との間に壁をつくってしまいます。ですが、壁をつくってしまうと、いざ近づきたい人が現れてもなかなか近づくことができません。

この痛みを解消し、心の壁を取り除く方法が「許し」です。ただし、この許しは、自分軸で生きていることが成功の条件です。

他人軸の状態で相手を許そうとしても、それは「相手に嫌われないために」とか「相手に愛してもらうために」といった目的になり、うまくいきません。ですから、自分の軸を確立したこのタイミングで、このテーマに取り組むのです。

2 自分の感情を解放しよう

まずはとにかく感情を吐き出す

ここからは許しのプロセスについて、「支配的で感情的なお母さんのもとで、自分をもてず、人に対して敏感すぎる大人になってしまった」というケースを例に挙げてお話ししていきます。人によっては「お父さん」や「お兄さん」「同級生のあの子」にかわるはずです。2日目、3日目で思い出した人に置き換えて読み進めてください。

許しの最初のステップは心の中に溜まっているその人への思いを吐き出すことを行います。これを「感情の解放」と言います。

敏感すぎる人は相手に気をつかって自分より相手を優先させる癖がついてしまって

います。そのため、言いたいことがあっても言えずに、我慢ばかりしていた方も少なくないはずです。

特に支配的で感情的なお母さんの前で下手に自分の気持ちを言おうものなら、10倍になって返ってきますから、当時の自分はひたすら我慢する他なかったと思います。

よく「人との間に壁を感じる」という表現を使いますが、この「壁」の正体は「心の中に溜まっているネガティブな感情」です。もしあなたが今、目の前の人に「怒っている」ならば、その人に心を開こうとは思いません。でも、その怒りが相手の謝罪などにより解消されれば、その人に自分の素直な気持ちを伝えやすくなるでしょう。

まずは自分の「心の中に溜まっているネガティブな感情」を吐き出し、壁をなくすことから始めます。

ノートにひたすら書き綴る

感情を吐き出す方法ですが、カウンセリングに定期的に通うのも一つの方法ですが、より簡単なものに、ノートに思いをひたすら書き綴る方法があります。

特に敏感すぎる人は優しい人が多いため「怒る」ことが苦手です。また、他人軸で生きている状態だと、自分よりも相手のことが気になってしまい、怒りだけでなく、他の感情も出しにくいところがあります。

自分軸をつくれるようになってくると、自分の気持ちをちゃんと受け止められるので、この感情の解放もスムーズにいくようになります。

「今」の自分が感じることを書き出す

ノートに書くのは、今の自分が、その相手に対して感じている思いです。敏感すぎる自分をつくる原因となった人を思い浮かべてください。そして、その人に対して言いたいことや感じていることをひたすらノートに書き出します。

お母さんを思い浮かべているとしたら、子ども時代の記憶を思い出し、子どもの頃に言えなかったことを思いつく限り書いていきます。

そこでは「どうして私の話を聞いてくれなかったの？」「もっと褒めてほしかった」という疑問や不満、「お母さんはいつも怒ってばかりいて怖かった」とか「いつも忙しそうにしていて寂しかった」などの素直な気持ち、そして、「お母さんに私、すごく怒ってた！　バカ野郎！」といった怒りなどをありのままに書き出していきます。

敏感すぎる人は優しいため、こうした言葉を書くことにも遠慮したり、気をつかったりします。そのため、ちょっと大げさかなと感じるくらいの表現を使った方が、より大きな感情の解放効果が期待できます。

感情を吐き出すとき、特に次のようなことに意識して書いてみるといいでしょう。

●お母さんが◯◯したこと（しなかったこと）を怒っている！　許せない！
●本当はお母さんにもっと◯◯してほしかったのに！
●お母さんに◯◯されて悲しいし、寂しい
●◯◯がとても辛かった。苦しかった
●お母さん、◯◯しちゃってごめんなさい

何も浮かばなければ、何も浮かばないということを書く

ノートにお母さんに対する思いを書いていきましょうと言うと、「何も浮かばない」

と言う人もいます。そういう方には「ぜひ、その『浮かばない』ということを書いてください」とお願いしています。

「お母さんに言いたいことを言おうと思いましたが、全然何も浮かびません。何も感じません。ずっと我慢してきたからでしょうか。子どもの頃から私は自分の気持ちを出すのが苦手でした……」というように、今感じている気持ちや思いをそのまま書き出せばいいのです。

そうすると、だんだん感情が出てきて、「お母さんの前で素直な気持ちを出したらお母さんをすごく困らせると思って我慢してきました。学校で嫌なことがあったときなど聞いてほしかったけど言っちゃいけないと思っていました。それはすごく辛かったです」と、徐々に本音を書き出せるようになっていきます。

こうして感情を解放していくと、その最中は苦しくなることもありますが、やがて心が軽くなり、スッキリしていきます。逆に言えば、この感情を書き出すやり方は、ある程度気持ちがスッキリするまで続ける必要があります。そうすることで次のステップに進みやすくなるのです。

3 相手の状況を感情的に理解する

頭ではなく心で理解する

感情を解放して少しでもスッキリしてくると心に余裕が生まれます。そこで「『なぜ、その人がそんなことをしたのか』を感情的に理解する」ステップに進みます。

つまり、お母さんはなぜ支配的に振る舞ったのか？　なぜ、あんなにも感情的になったのか？　ということを感情的に理解しようとします。あえて「感情的に」と言っているのには意味があります。

私たちは大人になると頭で考えて相手を理解することができます。敏感すぎる人ならなおさら「悪気があってやったわけではないだろう」と持ち前の優しさを発揮して理解しようとします。

しかし、それは頭で理解しているにすぎません。心で本当に理解したとは言えない状態です。

心で理解するとは共感すること

感情的理解というのは、「もし自分がお母さんと同じ立場になったら、同じ態度を子どもに対してとったかもしれない」と思うことです。つまり「共感」です。

「お母さんもそうするしかなくて辛かったんだろうなあ。それで、あんなふうに振舞ってしまったんだろうな。それはしんどいよな。わかるな」というようにです。

もしかすると、そのときのお母さんの状況に共感し、思いが溢れてきて涙が出てきてしまうこともあるかもしれません。

例えば、あるクライアントさんは過干渉で支配的で感情的なお母さんに対して、こんなふうに感情的に理解することができました。

「お母さん、子ども時代からずっと寂しい思いを抱いてきたんだと思います。おじいちゃんもおばあちゃんも学校の先生で厳しい人たちだったし、弟や妹の面倒も見ていたので、全然甘えたこともないんじゃないかな。いつも我慢して生きてきたと思うんです。それで子どもに対しては『ちゃんと面倒見てあげたい』そんな思いになったんだろうと思います。でも、全然やり方がわからなくて、それであんなに過干渉で支配的な態度になってしまったのかもしれません。本当は、愛情深い人なんですよね。今も弟や妹からの相談に乗っていますし、近所の人たちの面倒もよく見ています。私は私で苦しいし、葛藤したこともあったけれど、本当はお母さんも苦しかったんですね」

お母さんの人生に思いを馳せ、その気持ちに寄り添い、共感していくと、お母さんの気持ちが伝わってくると同時に、なぜ、お母さんがそういう態度をとったのかが理解できるようになっていきます。

そうすると、責められないな、お母さんも一生懸命だったんだな、というふうに心から納得できるようになるのです。

もちろん、すぐにここまで理解ができるとは限りません。ですが、お母さんの人生を一緒に歩むようなイメージで見ていくと、お母さんの愛情が感じられるようになっていくのです。

解放と理解を行き来する

この感情的理解を進めていくときに不満や怒りや悲しみや辛さが出てきたら、先ほどの感情の解放のプロセスに立ち返り、再びスッキリするまでノートにその思いを書き出していくことです。

つまり、この感情的理解は、感情の解放と行き来しながら取り組んでいくと効果的です。そして、この取り組み自体が自分軸をより強くしていくためのアプローチです。

自分の気持ちに素直になりつつ、そして、お母さんの人生に寄り添いつつ、徐々にお母さんの行動に感情的な理解を深めていきましょう。やがて、お母さんに対して「お母さん、ほんとに辛かったね。頑張ったよね。えらいよ！」と涙ながらに言ってあげられるようになるはずです。

解放と理解を行き来する

4

相手に感謝して気づきと学びを受け取る

感謝することで「許し」が完結する

感情を解放し、感情的に理解したところで、「許し」は最終段階に入ります。

「許し」の最終段階は「感謝」です。

お母さんに対して「お母さんが私のお母さんで本当によかった。ありがとう！」という思いになったときに許しが完了します。

- **今のお母さんでよかったこと**
- **お母さんがしてくれたこと**
- **お母さんに「ありがとう」と言えること**

これをまずは10個を目標にリストアップしてみましょう。

ちなみに私も以前、自分の母親と父親に感謝したいことを100個ずつリストアップしたことがあります。毎日取り組んでいたわけではありませんが、意外と時間がかかり、母は1カ月半、父は3カ月くらいかかりました。両親は私が高校のときに離婚しているのですが、そのしばらく前から別居していたため、父との記憶は小学生くらいまでのものしかなく、当時のことを思い出すのは簡単ではありませんでした。でも、あれこれ思い出していくうちに両親へのわだかまりはなくなり、むしろ感謝や愛情の方が溢れてくるようになりました。参考までに私が書いた、母に対する感謝のリストを一部ご紹介します。

- 48時間の難産を乗り越えて僕を産んでくれてありがとう。
- 祖父母の家で育ててくれてありがとう。自然が多く、祖父母がいる環境はとても素晴らしかった。
- お腹にいるとき、カルシウムやらいろいろ頑張ってとってくれてありがとう。おかげで今も健康な体でいられます。
- 毎日幼稚園の送り迎えをありがとう。会社があったのに、今思えばかなり大変だったと思う。

●子どもの頃、体の弱い僕を看病してくれてありがとう。必死な思いが伝わってきます。

●たき火で転んでやけどした僕を看病してくれてありがとう。

●小1のとき、転んで石に左の膝をぶつけてけがをしたら「私のことだったらいいけど、この子は助けてください」と休診日なのに医者に頼み込んでくれてありがとう。

●僕の好きな鶏の唐揚げを作ってくれてありがとう。

●遠足や運動会のときはいつもおいしいお弁当をありがとう。楽しみだった。

今こうして改めてリストを見直すだけで温かい愛情が蘇《よみがえ》り、感謝の思いが湧いてきます。

感謝の思いを書き出していくと、嫌なこと、我慢したこと、辛かったこと、寂しかったことなどがある一方で、自分の内側から愛情が溢れてきて「本当にこの両親でよかったなあ」という思いに包まれます。

育児放棄されて育った料理人の感謝のスピーチ

このような感謝の思いは、あなたのお母さんが、あなたの母親という存在であったからこそ、得られたもの、学べたことです。

ある料理人の方のエピソードをご紹介しましょう。

彼のお母さんはいわゆるネグレクト（育児放棄）で全然家事などをせず、彼自身、子どもの頃から家族のために料理を作らされていたそうです。しかも、小学生のときには彼が作った料理を食べて「まずい！　こんなものを親に食わせるのか！」とお皿を投げつけられたこともあったそうです。しかし、彼は両親やきょうだいにおいしいものを食べさせたくて必死に料理を頑張り、やがてそれを職業にしました。そして、腕を認められ、若くして店を持ち、人気店になり、賞をとったのですが、彼はその授賞式でこんなスピーチをするのです。

「私はただ家族に、そして、目の前の人においしい料理を食べてほしくて必死だっただけです。そのうえでこの賞をいただけるのならば、私を料理人として育ててくれたお母さんに真っ先に感謝を伝えたいと思います。お母さん、ありがとう」

彼が母親を恨んでいたかどうかはわかりませんが、これこそが感謝による許しだと思います。

許すことで学びや成長に気づける

●お母さんが過干渉だったからこそ、得られたもの
●お父さんが厳しくて冷たい人だったからこそ、得たもの
●きょうだいがあなたを支配したからこそ、学んだこと
●友達があなたを傷つけたからこそ、学んだこと
●恋人があなたに別れを告げたからこそ、得られたもの
●面接を何度も落ちたからこそ、気づいたこと
●モラハラな上司に傷つけられたからこそ、成長できたこと

許しは、痛みを取り除くだけでなく、それによる学びや自身の成長に気づかせてくれます。そして、その気づきはあなたの人生を変える力となるはずです。

事実は変えられないが、真実は変えられる

心理学の格言にこのような言葉があります。

「事実は変えられないが、真実は変えられる」

事実とは現実の世界で起きたことです。それは変えられません。

しかし、真実とはその事実を自分がどう解釈しているかです。私たちは事実ではなく、真実に基づいて生きていることがわかるでしょうか。その人がしたことは変えられないけれど、その解釈を変えることで、前向きに生きることは可能なのです。

許しはそのためのツールであり、自分の意識や見方を変えることで感謝が生まれます。そして、そのようなことが起きたからこそ学べたこと（これを恩恵と呼びます）を受け取ることができるのです。

5

「自分優先」と「相手優先」の選択肢を用意する

まずは自分の心の声を聞く

許しによって心の壁を少し取り除いたところで、具体的に自分軸をもって他人と接していくというのは、どういうことなのか見ていきましょう。

例えば、あなたが友達から「ちょっと相談したいことがあるんだけど、今日、時間あるかな？」という連絡をもらったとします。

他人軸で生きていると「最近の彼女は彼とのことで悩んでいたし、話くらい聞いてあげなきゃ」と思い、すぐに「うん。いいよ。じゃ、仕事が終わったらいつものカフェでお茶しよう」と返事をしてしまいます。

これが自分軸で生きられるようになると、まずは自分の気持ちを冷静に観察できるようになります。

「話は聞いてあげたいけど、最近ちょっと忙しくて疲れてるんだよな。それにちょっと風邪気味で仕事が終わったらゆっくり自分を労りたいんだよね」

このような心の声を聞くことができるようになるのです。相手の気持ちを考えてすぐに返事をしたくなる気持ちもわかりますが、まずは自分の心の声を聞くことから始めましょう。

「自分優先」と「相手優先」の二つの選択肢を思い浮かべる

すると、そこで「友達だから話を聞いてあげたい」という気持ちと「私もゆっくりしたい」という気持ちとの間で葛藤が生まれます。

ここでのポイントは、自分の心の声を軸にして、自分を優先する選択肢と相手を優先する選択肢の二つを頭の中で思い浮かべることです。

【選択肢A（自分優先）】

「友達の話を聞いてあげたいけれど、正直自分も今しんどい。だから、今日は断って、週末などの時間に余裕があるときに話を聞いてあげよう」

【選択肢B（相手優先）】

「自分も疲れているし、早く帰って寝たいけれど、大切な友達の力になりたいから、ここはひとつ頑張って話を聞いてあげることにしよう」

相手優先の選択肢Bでも「友達の力になりたい」という自分の心の声が軸になっています。このとき、「嫌われたくないから」とならないように注意しましょう。

自分を軸にした選択肢を二つもつことで、あとは自分の状態を見ながら自分の行動を選択すればいいのです。

「自分優先」でも自分を責めない

自分軸で生きている人は、「自分優先」の選択をしたとしても、自分を責めません。友達に「ごめんねー！」という思いをもちながらも、「私も今疲れてるから、そういう状態では友達の力になってあげられないもんね」と罪悪感に駆られることもなくなりますし、さらに選択肢Aを見ればわかるように「代替案」を示すことができます。無下《むげ》に断るのではなく、「じゃあ、週末はどう？」という提案ができるのです。

相手を優先したら自分を褒めてあげる

仮にBを選んだときは、頑張って友達の話を聞いてあげ、励ましたり、なだめたりするわけですが、自分自身に対し「今日はしんどかったのに頑張って友達の話を聞いてあげてえらい！」と自分を肯定し、褒めてあげることができるようになります。

他人軸で生きていると、しんどいのを無理して相談に乗っているので、

「ほんとは帰りたいのに無理して付き合ってあげてるのよ。たくさん感謝してよね」と見返りを求める思いが出てきてしまい、人間関係がギクシャクしてしまう原因にもなってしまいます。

しかも「たくさん感謝してよね」と思っているときに、その友達が「ありがと。スッキリしたわ！　じゃあね！」と言って颯爽と帰ってしまい、逆にこっちがスッキリしないなんてことも今まではあったと思います。自分軸で相談に乗ることができると、そのような感情を抱くこともなくなっていきます。

5日目は、自分軸をもって人間関係を築いていくコツと、その前段階としてやっていただきたい心の痛みを取り除く方法についてお話ししてきました。

明日は、「敏感さ」を強みにして、仕事や人間関係を発展させていく方法をお伝えします。

自己肯定感を高めるワーク5

5日目は自分軸をもって人間関係を築いていく際の、心理的なブロックの取り除き方を紹介しました。次のワークに取り組み、心の壁を取り除いていきましょう。

1. 敏感すぎる自分をつくる原因となった相手（母、元カレ、友人など）を思い浮かべ、その人に対する思いをノートに書き出しましょう。

2. その人の立場になって、相手を理解してみましょう。その人はなぜ、あなたにそのようなことをしたのでしょうか。

3. その人に感謝できることを10個書き出してみましょう。ポイントは以下の通りです。

- その人がしてくれたこと
- その人がいてくれたおかげで気がつけたこと
- その人に「ありがとう」が言えること

6日目

敏感であることを強みにする

人の気持ちを敏感に感じられるメリットは何ですか?

1

優しいことはコミュニケーションのアドバンテージ

敏感さは強みになる

敏感すぎる人は、自分の敏感さをデメリットと捉えがちです。しかし、見方を変えれば、これは「人の気持ちがわかる」「優しくできる」という人間関係を築いていくうえでの強みでもあります。

敏感すぎる人が、自分軸で生きられるようになり、人との距離感をとれるようになると、今度は敏感であることの強みを仕事や人間関係に活かし、自分らしい人生を送ることができるようになります。より創造的に人間関係を発展させていくことができるのです。

6日目はあなたの特長を活かした、自分らしく生きる方法をお伝えします。

優しすぎると疲れてしまう

敏感すぎる人は、「優しすぎる人」とも言えます。優しさはもちろんメリットです。しかし、優しすぎるがゆえに、頼みごとを断れず、疲弊してしまう人も少なくありません。

あなたは、自己肯定感を高めて、自分軸で人との距離感をつかめるようになりました。そして、今、あなたの敏感さを活かそうとする過程にいます。このとき、この優しさをこれまでのように誤って使わないよう、自分を優先して「断る（NOと言う）」ことができるようになる必要があります。そのための考え方をご紹介しましょう。

「断る」とは「断っても大丈夫」と自分の価値を認めることであり、自己肯定感を高めることでもあります。ぜひ身につけてください。

2

頼まれたら断れない人が「NO」を言えるようになる方法

他人の感情の影響を受けやすい人へ

敏感すぎる人は、他人から受け取る情報量が膨大で、他人からの影響を受けやすい人です。他人の感情を自分の感情のように感じてしまうことも少なくありません。

人が辛い話をしていたら、ついつい自分のことのように捉えて一緒に辛い気持ちになり、そのあとも、その気持ちを引きずってしまうこともしばしばです。

このように周りの人の気持ちに影響を受け、自分のことのように捉えていると、いつも誰かの感情を背負って生きている感覚になってしまいます。いつも他人の感情を背負って生きている人は、自分の人生を生きている感覚をもてず、カウンセリングに来られるケースも少なくありません。

まずは「私は私、あなたはあなた」という意識をもつ

このような人は頼みごとをされると、なかなか断ることができません。自分がどれだけ大変でも他人の気持ちを優先して、自分を犠牲にしてでも、引き受けてしまうのです。こうしたことを回避するために断ることが重要になるのです。

しかし、いくら自分軸が確立できたとはいえ、いきなり「これから頼みごとをされても断りましょう」と言っても、なかなかすべて実行に移すのは難しいと思います。

そこで、このようなとき「私は私、あなたはあなた」と心の中で唱えることをお勧めします。

「私は私、あなたはあなた」という意識を強くもつことで、他人とあなたの間に境界線を引くことができ、自分をきちんともてるようになります。

それは自分の心を守ることでもあり、自分らしさを発揮して人間関係を築くための礎《いしずえ》ともなるものです。

繰り返しになりますが、敏感すぎる人たちはそもそも優しすぎる人です。「自分は自分、あなたはあなた」と線引きをすると自分の評価を下げたり、冷たい人間だと見られたりするのではないかと不安になるかもしれませんが、そうしたことは一切ありません。これまでカウンセリングで相談に来られた人にも実践してもらいましたが、「自分は自分、あなたはあなた」という意識をもって行動して、他人からの評価が下がったような人はいませんでした。勇気をもって一歩を踏み出しましょう。

「私は私」の意識が「NO」を言いやすくする

「私は私、あなたはあなた」という意識をもつと、敏感すぎる人が苦手としてきた「NO」が言えるようになります。

他人軸で考えていると、相手にどう思われるか、嫌われないかに意識が向いて自分の考えを表現できません。

それが、「私は私」という意識をもつと、相手と自分の間に線引きができ、適切な距離がとれるようになるため、自分の考えを表現しやすくなるのです。

あるエンジニアの男性はもともと仕事ができる人でしたが、相手の気持ちがわかりすぎるがゆえに、仕事を頼まれると断れない性格でした。その結果、彼は常にトラブルに陥っている大変なプロジェクトに携わる便利屋さんとして、処理しきれないほどの仕事を抱えて日々遅くまで残業し、土日もない生活を送っていました。

しかも彼は自己肯定感が低く、もし依頼を断ってしまったら評価を下げて、会社から必要とされなくなると思い込んでいたのです。プロジェクトリーダーから「頼むよ、困っているんだ」と直々に言われると、彼はその気持ちをくんで引き受けてしまいます。しかし、ついには精神的に追い詰められ、私のところに相談にやってきました。

彼に「私は私、相手は相手」ときちんと線引きをすることを伝え、本書でお伝えしてきたように自己肯定感をあげる方法を身につけてもらいました。

その結果、彼はだんだん自分の気持ちに気づき始め、自分がしたいこととしたくないこと、得意なことと得意ではないことの区別がつくようになっていきました。

「私は私」と唱えることで自分の声に耳を傾けられる

これまでの彼は依頼された仕事が本当はしたくないことであっても「そう思う自分がいけないからだ」と自分を戒めて頑張ってきました。しかし、それは自分の心の「したくない、好きじゃない」という気持ちを無視することとなり、精神的に大きな負荷となっていました。

そんな彼が「私は私」という意識をもつことで心の声に耳を傾けられるようになったのです。そして、あるとき、頼まれた仕事を「今は他のプロジェクトを抱えて余裕がないので、申し訳ありませんが、他を当たってもらえませんか？」と勇気を出して断ります。

初めて「NO」と言ったときはドキドキしっぱなしで、その夜は不安になって眠れなかったそうですが、翌日、その仕事を依頼してきた上司が「他に代わりの人を見つけたよ。いつも君には負担をかけっぱなしだと思っていたんだ。断ってくれて僕も正直ほっとしたんだよ」と意外な言葉を彼に告げたのです。

「NO」を言うことで、自分の価値に気がつけた

彼はその経験を通して「NOと言っても嫌われないんだ。むしろ、それがいいことなんだ」ということを30歳過ぎて初めて学びました。

そうして自分軸に基づいた生き方に移行していくとだんだん「自分が好きな仕事、得意な仕事」がわかってくるようになりました。

これまでは受け身で仕事を引き受けていましたが、あるとき思い切って新規に立ち上がるプロジェクトにメンバーとして応募してみたのです。それは以前から彼がやりたかった仕事でしたが、自分に自信のない彼は「きっと選ばれないだろう。むしろ、こんな自分が立候補したことで笑いものになるかもしれない」と思っていたのだそうです。すると、以前から彼の仕事を評価していたそのプロジェクトのリーダーによってサブリーダーとして迎え入れられたのです。

リーダーは彼に「まさか君に来てもらえるとは思わなかった。以前から本当に助けられていて、今度のプロジェクトでも密かに君に来てほしいと思っていたんだ。あり

がとう！」と言葉をかけました。

勇気を出して頼まれた仕事を断り、自分の意志を表現することで、初めて自分の客観的な評価に触れることになったのです。

無理せず誰かに助けを求めてみる

よく私は「無理をせず、自分にできることを一生懸命やりましょう。できないことはできないので、やらなくて大丈夫です」という話をします。

「勇気を出してNOと言ってみる」ことを勧めるのも、「無理をしないでいい」「一人で抱え込まず誰かに頼っていい」ことに気がついてほしいからです。

敏感すぎる人たちは、何か問題が起こると自分を責め、また、仕事においては一人で何でも抱え込んでしまう癖があります。誰かに頼ることを「自分の力不足だから」と責めたり、「相手に迷惑をかけてしまう」と気をつかったりしてしまいます。

それはやはり自己肯定感が低いからこそ生まれる発想です。

人は誰かの役に立ちたいと思っています。だから、あなたが助けを求めれば迷惑を感じるどころか「自分は必要とされている！」と感じて喜んでくれる人もいます。

上を見ればきりがありません。力不足と自分を責めることは簡単です。しかし、できないことを無理してやった方が周りに迷惑をかけるのではないでしょうか。できることとできないことの区別をはっきりつけて、できることに意識を向けることが大切なのです。

人に助けを求めることは、恥ずかしいことでも、迷惑をかけることでもなく、誰かの役に立てる素晴らしい行為であることを忘れないでください。

意外なほど周りが助けてくれる

敏感すぎるがゆえにかつては一人で抱え込むことが癖だった女性の例をご紹介しましょう。

「昔は上司から言われたことは、自分一人ですべて片づけ、文句も言わずひたすら我慢し、やっていました。誰かに任せたり、お願いしたりすることは超がつくほど苦手でした」

そう語る彼女はあるとき、自分を変えようと心理学を学び始めます。その過程で、私のセミナーに参加します。

その結果、彼女は「ありのままの自分でいいと思うようになり、自分に無理をしなくなった。そもそも自分は世界にたった一人の人間で同じ感じ方、考え方をする人はいないはず。だから、どんな自分でもいいんだ、人と比較しなくてもいいんだ」というように考えが変わったと言います。

「自分が苦しいと感じたとき、他の人に仕事を手伝ってもらえないか聞いたり、上司に期限を延ばしてもらえないかお願いしたりしています。いよいよ苦しくなったときは、上司に『もう頑張れません』と白旗をあげられるようになりました。それでたとえ怒られたとしても、自分はもう精一杯やっている、本当にごめんなさい、もう無理なんです、ということを伝えています。実際、助けを求めれば意外なほど周りの人が手を差し伸べてくれるのです」

しかも、一人で頑張ることをやめて、あることに気づいたそうです。

「もう頑張れないと言った後、仕事をすべて他の人にお願いしたら、何もしてない自分に不安になってしまいました。そこで、改めて自分ができることを探し、まずは他の人がどんな仕事をしているかを見ることにしました。そうすると『あの人は一人で頑張っているな』とか『ちょっと苦しそうだな』と気づいたので、声をかけてみることにしたんです。以前の自分とは違う役割が新たに見えてきました」

一人で頑張ることをやめると新たな役割が見えてくる

一人で頑張ることをやめて誰かに助けを求め、仕事を手放していくと、新たな自分の役割が見つかります。

敏感すぎる人たちは、彼女がしているように他の人の行動を観察すると、周囲がなかなか気づけないサインをキャッチすることができます。それを活かすことで、新しい自分の役割や仕事を職場の中に見つけることができるのです。

彼女が一人で頑張ることをやめ、周りを見て大変そうな人を手伝ったり、励ましたりすることで、職場の雰囲気が大きく変わったことは想像に難くありません。

一人で頑張ることをやめる

彼女は最後にこう話してくれました。

「とにかく無理して頑張るやり方もいいけれど、一度手放してみることで違うことが見えてきて、結果的には自分が楽になっていると実感しています」

敏感すぎることを逆に活かすことで、同僚たちを助けることもできるのです。

3

敏感さを活かして信頼関係をつくる

相手の感情に先回りできる

一般的に、敏感すぎる人たちは人とかかわると気をつかいすぎて疲れてしまうことが多く、それゆえ、あまり人とかかわらない仕事や趣味を選びがちです。

しかし、自分軸で生きられるようになると、人の気持ちがわかることが逆に強みとなり、人とかかわる仕事が向いていることに気づく人も多くいます。

人の気持ちに敏感であるということは、人の気持ちがわかるということでもあります。それによって、仕事では、相手が望むサービスを提供することができます。

接客の仕事につけば、お客様が望むことを上手にキャッチでき、相手の希望に沿った商品や企画を提案できるようになります。

マネージャーとして誰かをサポートする立場になれば、メンバーそれぞれの状況に配慮したスケジュールを組んだり、その実力が発揮される仕事を選んだりすることも可能です。


さらに「人が喜ぶ空間をつくること」も得意なことの一つです。

パーティを主催すれば、参加者に居心地よく過ごしてもらえるような料理を用意し、お皿やグラス、ランチョンマットなどのテーブルデザイン、さらには、部屋を彩る花などにも工夫をこらすことができるでしょう。

また、パーティの案内ひとつとっても、地図を見るのが苦手な人のために、丁寧なイラストで道案内をしたり、参加者が喜びそうな文章を書くこともできます。


そうした才能を活かせば、お客様向けのパンフレットやマニュアル、さらには顧客対応マニュアルまで、相手がどのように感じるかを先回りしたドキュメントを作成することもできるでしょう。

従業員や顧客の心地よさ、快適さにまで配慮したシステムをつくることができ、皆が喜ぶ結果を招くはずです。

事務職から営業職に異動になり、才能に気づいた人

ある女性は、長年所属していた事務系の仕事から突然、営業職に異動になりました。それが不安でカウンセリングに来られたのですが、以前からセミナーに参加して自己肯定感もだいぶ高くなっていたため、「大丈夫ですよ。自分をきちんともって、お客様を喜ばせる提案を心がけていけば、きっとうまくいきますよ」と言葉をかけました。

彼女が勤めている会社は高級な輸入家具や建具などを扱っているため、お客様は富裕層や上場企業がほとんどです。彼女はお客様のニーズを上手に引き出し、期待以上の提案をするようになりました。異動直後からお客様にとても気に入られ、そのお客様が別のお客様を紹介してくださるようになり、わずか数カ月で1年分の予算を達成してしまったそうです。

この結果に彼女はとても驚き、自分の価値に自信を深めるようになりました。今で

は営業部の期待の星としてより難易度の高い仕事を任されるようになったそうですが、これまでなら怯《ひる》んでしまうところが、積極的に仕事に取り組めているそうです。

敏感な人は聞き上手

「人の話を聴くこと」も敏感な人が得意なことです。

以前監修した『心理カウンセラーが教える「聞く」技術』(日本文芸社)という本でも触れていますが、人との信頼関係を築く秘訣は「話を聴く」ことにあります。

多くの方が、信頼を得るためには「いかにうまく話すか」に注力しやすいのですが、実は逆で、人は自分を受け入れ、理解してくれた人に対して心を開き、その人を信頼していきます。自分の意見を言わなくても、相づちを打ちながら相手の話を聴き、「これは○○という解釈でいいですか?」と相手の気持ちや意志に理解を示していくと、相手はどんどん自分の思いを語ってくれるようになります。

さらに「本当は○○の方がお客様のニーズにかなっていると思うのですが、いかがでしょうか?」などと相手の気づいていない思いを引き出してあげると、その人はあなたのことを「自分を理解してくれるありがたい人だ！」と感激してくれるのです。

ここまで読んできて、「あれ？　これ、普段自分がやっていることじゃないか？」と気づく人も多いのではないでしょうか。敏感すぎる人は相手の気持ちをくむのが上手なうえに、相手に心地よく話をさせてあげることができる天才なのです。

これまでは、敏感すぎるがゆえに相手の表情ばかりを気にしていました。ですが、これは自分自身を見失っていたために気づかなかった「強み」なのです。

聴くことで信頼関係を築くことができる

敏感すぎる人たちは実はカウンセラーにも向いていると言えます。実際のカウンセリングでも「あなたはどちらかというとこっち（カウンセラー側）の人間なんですよ」とお伝えすることもよくあります。

私のようなカウンセラーやコーチ、コンサルタントといったお客様の問題解決を仕事とする場合、お客様との信頼関係は何を差し置いても大切です。

どんなに素晴らしい意見であっても信頼していない人から言われたら心に響くことはありません。ですから、私たちはまず相手と信頼関係を築くことに意識を向けます。そしてこのときに欠かせないのが、敏感な人たちが得意とする「聴く」ことなのです。信頼関係ができれば、相談者は私たちを自分の味方として認識してくれ、ふつうは人に話さないこともどんどん相談してくださるようになります。また、私たちが提案する方法も前向きに取り組んでくれます。

敏感すぎる人の中には、カウンセリング中にカウンセラーである私の言いたいことを上手に引き出す方も珍しくありません。「なんか私の方が気持ちよくしゃべらされてしまいました！　まるで立場が逆ですね！」と言ったことも幾度もあります。もしあなたが、人の心に直接かかわる仕事に興味があるのであれば、カウンセラーという職業も今後の選択肢の一つに加えてみてもいいかもしれません。

とはいえ、何度も繰り返しになりますが、こうした敏感すぎる人の素晴らしい能力は、自分軸で生きられて初めて効果が出るものです。

他人軸で考えていると、それが「義務」になり、「犠牲」になるので、あなた自身も疲れてしまいます。

これを自分軸に移行すれば、まずは自分の心身の状態を整え、自分の気持ちときちんと向き合ったうえで「与える」ことに意識を向けられるようになるのです。

自己肯定感を高めるワーク6

敏感であることは、実は人間関係を構築するうえで、大きなアドバンテージです。質問への答えを書き出し、自分らしく生きる第一歩を踏み出しましょう。

1. 友達や先輩、上司からの誘いで困っていること、以前に困ったことは何でしょうか？　そのシーンを思い浮かべて「私は私、あなたはあなた」と心の中で唱えてみてください。

2. あなたへの誘いや依頼への返事を出していないものを書き出してみましょう。そして、勇気を出して、断ってみましょう。

3. 今、困っていることを誰かに正直に話して助けを求めてみましょう。「片づけられない」「メールの返信が早くできない」「パワーポイントで資料をつくるのが苦手」など、何でもいいので、誰かに相談してみてください。

7日目

自分が本当にしたいことを実現する

あなたが本当にしたいことは何ですか？

1

あなたが自分らしく生きるために

「自分が本当にしたいことは何か」という問いが生まれる

他人軸で生きることから自分軸で生きることへ移行できるようになると、ある問いがあなたの中に生まれてきます。

「自分が本当にしたいことは何なのか？」

です。

あなたは今の自分を見つめ（1日目）、過去を振り返り（2日目～3日目）、具体的に自己肯定感を高くする方法を身につけ（4日目）、自分軸で他人と距離感をつかむ方法を知り（5日目）、敏感さを強みにして人間関係を主体的に構築できるようになってきました（6日目）。

こうして自分というものをはっきりともつことができるようになったとき、あなたが取り組むべき、次なるテーマ「自己実現」が見えてきます。

自分らしく生きるとは、本当に好きなことをやること

自分らしく生きることとは、本当に好きなこと、やりたいことをやって生きることに他なりません。それは、他人軸で考えた「好きなこと」「やりたいこと」ではなく、自分軸で考え、心の底から湧き出た「好きなこと」「やりたいこと」でなければいけません。

心の底から湧き上がってきた「好きなこと」「やりたいこと」をやっていると、人はいちばん自分らしい姿でいられます。肩に力の入っていない、自然体の姿です。

他人軸で生きているときは、他人に評価される自分を演じていて、自分らしさはその陰に隠れてしまっています。しかし、自分軸で生き、自分自身を肯定することができればできるほど、あなたの中から本当の自分らしい姿が現れるのです。

敏感すぎる自分に引き戻されそうになることもある

もっとも自己肯定感を高め、自分軸で生きられるようになったからといって、何も問題が起こらないわけではありません。パートナーと別れ話になることもあれば、友達とケンカすることもあるし、信頼していた取引先から契約を打ち切られることだって起こり得ます。病気やけがをすることもあるでしょう。

自分のやりたいこと、好きなことをやっていても、周りの人から批判をされることはあります。

そんなとき、「やっぱり自分は……」とまた、自分を責めてしまうことがあります。自分軸で考えて生きていても、大きく落ち込んで、また敏感すぎる自分に戻ってしまいそうになるときはあるのです。

7日目は、このように敏感すぎる自分に引き戻されそうになったとき、注意してほしいこと、自分軸で考え、自己肯定感を高く保ち続けるために必要な考え方をお話ししていきます。

2 人間関係がギクシャクしてしまったら

人間関係がギクシャクするのは自分軸で生きている証拠

他人軸から自分軸に移行していく段階で友達を失ったり、職場の人間関係がギクシャクしたりする。そのような経験をする人は少なくありません。

相手に合わせることで築いてきた人間関係は、あなたが相手に合わせることをやめた時点で成り立たなくなることがあるからです。今まであなたがその友達の思いを優先してきたからこそ、その人と友達でいられたとするならば、あなたが自分の気持ちや意志を素直に表現するようになったら必然的に疎遠になっていくはずです。

あなたが自分らしさを取り戻していくプロセスでは、その変化が急激であればあるほど、そうした人間関係のギクシャクもまた激しく起こるものです。仕事を辞めたくなったり、恋人と別れたくなったり、人間関係を一新したくなったり、引っ越しがしたくなったりするのです。

しかし、心配は無用です。あなたが自分に合わせてくれるから友達だった人は去りますが、あなたの本当の価値や魅力に気づいていた友達はむしろあなたの変化を喜び、変わらずに友達でいてくれます。本当の友達はちゃんと残ってくれるのです。これは仕事や恋人についてもまったく同じことが言えます。

あなたが他人軸から自分軸で生きられるようになるプロセスは、あなたが本当にしたいことに気づけるだけでなく、あなたにとって本当に大切な人が見えてくるプロセスなのです。

嫌われる勇気をもとう

あるクライアントさんの言葉を紹介します。

「自己肯定感が高まり、ありのままの自分に価値を感じられるようになり、自分と他人の感情の境界線がはっきりしてきて、必要以上に相手の感情の変化に影響されずに

嫌われる勇気をもって…
嫌われることがあっても
しょうがない
なんだ
あいつ…
ありのままの
あなたが
好き
去っていく人もいる…
本当に大切な人に
出会える。

済むようになりました。嫌われることがあってもしょうがないとも思えます。人に優しくするには、自分を大事にできてないとダメなんだということもわかったので、自分が気分よくいられることを優先できるようになりました。自分の意見も他人の意見も同じように大事なんですね。どう捉えるかは相手次第で、自分が言いたいことがあれば言っても大丈夫なんだと思えるようになりました」

彼女が言うように「嫌われることがあってもしょうがない」と思えることは非常に大切です。

他人軸から自分軸に移行する過程では、人間関係の変化があるため、「嫌われたのかな」と不安を感じる人もいます。嫌われているかどうかを気にして行動することは、他人軸で生きることですから、この不安は自分軸から他人軸に引き戻されそうになっているサインです。そんなときは意識的に「嫌われることがあってもしょうがない。自分軸で生きていくには必要なことだ」と思うようにしましょう。つまり「嫌われる勇気」をもつのです。

3 すべての問題は自作自演

自分軸で生きていても問題は起こる

先ほども述べたように、自分軸で判断し、行動できるようになったからといって、問題が起こらないわけではありません。自分軸で生きていても、他人軸で生きていても、問題は起こります。

しかし、他人軸で生きていた頃と何が違うかというと、仮に問題が起きたとしても、パニックになって自分を見失ったり、一人で何とかしなきゃと頑張ったり、不安や恐怖心に押しつぶされそうになったりすることはないということです。

問題が起こったら「自分らしく生きるために必要なこと」と思う

自分軸で生きていると、何か問題が起きたときも「自分がより成長するために必要があって起きた問題」として前向きに捉えることができます。

よく「すべての問題は自作自演」というお話をさせていただいているのですが、問題とは、それを感じる本人が自らつくり出すもので、自分がより自分らしく生きられるように起きるものなのです。

カウンセリングで相談を受ける際も「この問題はもっと自分らしく、好きなこと、やりたいことをやって生きなさい、というメッセージなんですよ」という話をします。

自己肯定感が高くなっているのですから、問題を抱えている自分のことも認められるはずです。

問題が起こったらそんな問題を起こしてダメだ！　と否定するのではなく、「しんどいよね、不安だよね。どうしていいのかわからないよね」と優しい言葉を自分自身にかけ、「自分らしく生きなさいというメッセージなんだ」「この問題は自分らしく生

問題が起こったら…
自分らしく生きなさいというメッセージ
本当に自分がしたいことは…?
自分が成長するために必要なことなんだ…
不安だね…どうしたらいいかわからないよね…

きるために必要なことなんだ」と言ってあげることが、自己肯定感を高く保ち続けるコツです。

自己肯定感を高く保ち続けるために問いかけてほしいこと

自己肯定感を高め、自分軸で考えられるようになると「本当に自分がしたいことは何だ？」という問いが生まれると述べましたが、さまざまな変化が起こる過程では、自分軸から他人軸に引き戻されそうになるときというのが必ず訪れます。そんなときにこそ、「本当に自分がしたいことは何だ？」と自分に問いかけてほしいのです。

私も、自分に問いかけ続けています。本を書きたい、旅に出たい、という思いは今も変わりませんが、その後、その問いは新たに「海の近くに住みたい」「もっと質の高いセミナーをしたい」という思いをつくり出しています。何かに迷ったとき、自信をなくしそうになったときも、この問いは自分自身をさらに前に進めるきっかけを与えてくれます。あなたが本当にしたいこと、それは何でしょうか？

4

「結局何も変わっていない……」と思ったら

自分の内面の変化に目を向ける

自分を変えていくプロセスでは必ずと言っていいほど、「結局何も変わっていない」とか「以前の自分に戻ってしまったような気がする」といった思いに直面することがあります。

4日目の章で触れましたが、敏感すぎる人たちは常々自分の「できていないところ」に目を向ける癖がついています。できているところよりも、できていないところが気になるのです。

そうすると、少しずつ自己肯定感を高め、他人軸から自分軸で考えられるようになっているにもかかわらず、まったく変化がないように感じてしまうのです。

こうした内面的な変化を体重などのように数値化して表せたらわかりやすいのですが、内面的変化というのはあくまで主観に基づくものなので、なかなか気づきにくいのが実際でしょう。

特に、敏感すぎる人は謙虚な人が多いため、「この程度では変わったとは言えない……」と自分の変化を厳しく見てしまいがちです。

自分の小さな変化を褒めてあげれば、自己肯定感は劇的に高められる

自分を変えていくときに大切なのは、過去の自分と今の自分を比較して、その間の小さな成長を見逃さないことです。

「どこがよくなったのか？」という目で過去と今とを比べるのです。そうすることで、ぱっと見は変わっていないように見えても、「3カ月前は上司に自分の意見を言えなかったけど、今の自分は少しは言えるようになったと思う」とか「半年前は人の顔色ばかりをうかがってどう思われるか不安になっていたけれど、今はそんなに気にならな

ないときもあるなあ」というふうに変化に気づけるようになるのです。

そして、その変化に対して「すごいなあ」「よくやったなあ」と褒めてあげることで、自信がついていくようになります。この方法は劇的に自己肯定感を高めてくれるもので、みなさんにぜひ覚えていただきたい方法です。

3歩進んで2歩下がる

ではどのようにして変化に気づき、認めるか、私が実際に行ったカウンセリングの例をご紹介します。

私のセミナーとカウンセリングを受けられた女性からこんな相談を受けました。

「この半年、自己承認したり、心と対話をしたりして自分を変える努力をしてきました。そのかいあって自分の気持ちを素直に表現できるようになったと思っていたんです。でも、先日、上司との面談のときに、あれこれと自分の足りないところを指摘されてすごく気分が落ち込んでしまいました。そのとき、これだけ頑張ったのに全然変わってないじゃん！　と自分を責めてしまいました。そんなことで気分が落ち込んでしまう自分のことがすごく嫌で、まるで以前の自分に戻ってしまったかのように思ったんです」

3歩進んで2歩下がる、という言葉がありますが、人の変化も一直線に進むとは限りません。よくなったと思えば、元に戻ったように感じる。そのような変化を繰り返していくのです。

話をしてくれた女性に、私はこんな質問をしました。

「そんな気分だけど、あえて自分が以前と変わったところを挙げるとするとどんなところかな？」

このように常に、変化している方に目を向けていくのです。実は「元に戻ってしまった」と感じるということは、自分が半年間で変わったことを自覚していることに他なりません。変化しているから、元に戻ったと感じるのです。変化を認められるようになった自分がいるのです。

質問に対して彼女は「うーん……」と考えてこんな話をしてくれました。

「たぶん、前の私だったら、気分が落ち込んだことをこんなふうに誰かに話せなかったと思うんです。ひたすら自分を責めて、ダメ出ししていたと思います。こうして話せてるってことは変化ですよね」

「それに前に比べたら気分の落ち込みも少ないかもしれません。何年か前に上司にあれこれダメ出しされたときは、ワンワン泣いて、次の日は起き上がれないくらいでしたから。でも、今回は全然そこまでじゃないですよね。ああ、やっぱり私、変わってるんですね。今、気づきました」

人生はらせん階段を上るように進んでいく

心理学の世界に、心の変化について触れたこんな話があります。

「らせん階段を1周上ると、上から見たら同じ場所に戻ったように見える。しかし、横から見たら確実に上に上っている。心の変化も、何も変わってないとか、元に戻ってしまったなどと感じても、実はそれはらせん階段をぐるっと1周上ったからではないだろうか」

「元の自分に戻ってしまった……」と思ったときは、ぜひ、この話を思い出してみてください。

私たちは常に成長し続けます。自分自身の変化を見つけ、それを承認していくことで確実に自己肯定感が高まり続け、自分のことがもっと好きになり、自分に自信がもてるようになります。そして、いつしか、敏感すぎた頃よりもずっと楽に、生きやすくなっている自分に気づくのです。

人生はらせん階段を上がるように。

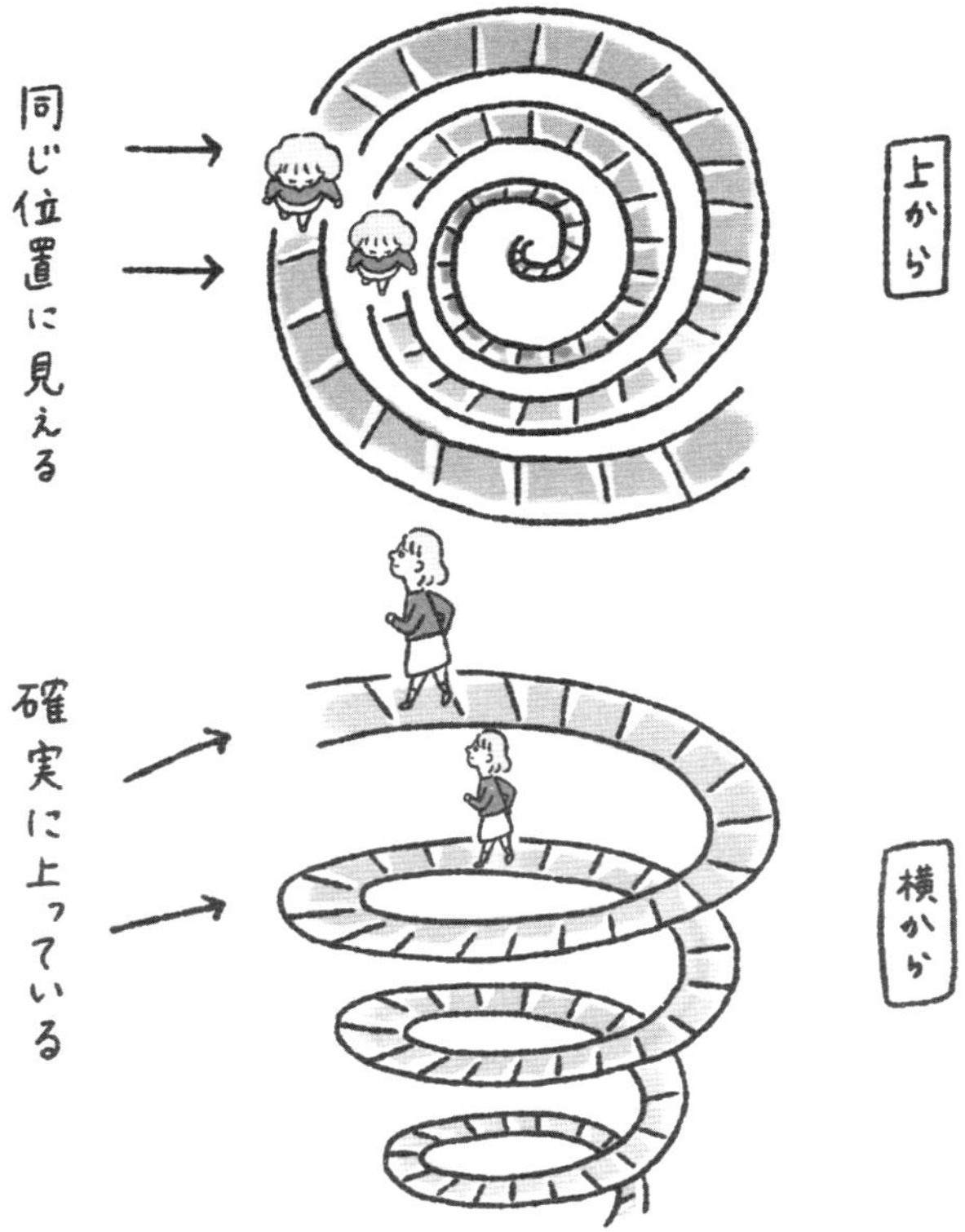

自己肯定感を高めるワーク7

いよいよ最後の7日目です。あなたが自己肯定感をあげ、これから実現したいことは何でしょうか。自分の素直な気持ちを見つめてみましょう。

①あなたが本当にしたいことは何でしょうか？ やりたいことの大小は気にしなくてかまいません。誰かに見せるためではなく、ありのままの自分が思う、本当にやりたいことを書き出してみましょう。

②この本を読んで、あなたはどのような変化がありましたか？　小さな変化でもかまいません。心の中の変化を書き出し、褒めてあげましょう。

エピローグ

8日目以降の過ごし方

最後までお読みいただきありがとうございました。

この7日間で大きな変化を感じた人もいれば、小さな変化しか感じられなかった人、もしかしたらほとんど変化を感じなかった人もいるかもしれません。


大切なのは、明日からどう過ごすかです。

最後まで読んでくださったあなたの心の中には、必ず変化が起きています。

まずは、その小さな変化に目を向け、毎日少しずつ植物に水をやって育てていくように、自己肯定感を高めていってください。


とはいえ、大それたことをする必要はありません。小さなことを少しずつ続けていくことがポイントです。自分を変え、充実した人生を送っているすべての人に共通するのは「簡単なことを毎日コツコツ続けている」ことです。

毎朝、大切にしているお花に水をあげるように自分を大切にしていける人は、必ず充実した人生を送ることができます。これまでセミナーやカウンセリングを通して、私はそのような人を数多く見てきました。

Yさんは1日目の「今の自分を客観的に見つめる」ことを意識して行いました。

Yさんは職場の上司、パートナーや苦手なタイプの人の前でいつもいい子・いい人を自動的に演じてしまっていたそうです。そんな自分を客観的に見つめるために、

「あ！　また相手の顔色気にしてるよ！」

「自分！　自分や！　とにかく私や！」

「この人の機嫌なんかどーでもいい！」

「ひー！　また顔色気にしてるー>(、Д;)ノ)」

「私が大事。私が大事。私が大事」

と実況中継をするようにぶつぶつ一人ツッコミを心の中で入れているそうです。

そうして、今の自分を客観的に見つめ続けた結果、「自分が何を感じているのか」「本当は自分はどうしたいか」にまで意識を向けることができたと言います。

いつも他人に振り回されて疲れてしまうOさんは「私は私、あなたはあなた」というフレーズを毎日言い続けました。それだけでいいの？　と思われるかもしれませんが、これだけでも十分効果はあります。

Oさんは自分と他人の間に境界線を引くことができ、他人からの頼まれごとも、罪悪感なく断れるようになりました。

別のクライアントさんはあるとき「もう自分を責めない！　どんな自分も認めてあげる」と決めて、何があっても自分を「それでいい。それが私。それも私」と受け入れ続けることにしました。しばらく後にお会いしたときは雰囲気がとても柔らかくなり、また、それまで抱えていた心のモヤモヤがなぜかスーッと軽くなったと言います。

自己肯定感を高めることは、突き詰めていくと、自分自身を深く理解していくことだと思います。

これからも、他人に振り回され、傷ついて落ち込むことはあるでしょう。

自己肯定感を高めて自分らしく生きていくということは、他人とかかわりながら、傷つくことや落ち込むことがあっても、その都度、自分自身への理解を深め、前に進んでいくことだと思います。

自己肯定感をあげる7日間はこれで終わりますが、この7日間がみなさんが自分らしく生きる始まりになることを願っています。

そして、道に迷ったり、自分を見失いそうになったらいつでもこの7日間に戻ってきてください。

最後になりましたが、私がずっと書きたかった自己肯定感と自分軸についての本を著すきっかけをくださった、あさ出版のみなさん、そして、いつも私を支えてくれる妻や子どもたち。そして、スタッフ、受講生、読者のみなさんに御礼申し上げます。

本当にありがとうございました。

2017年8月

根本裕幸

著者紹介

根本裕幸（ねもと・ひろゆき）

心理カウンセラー

1972年生まれ。大阪府在住。1997年より神戸メンタルサービス代表・平準司氏に師事。2000年よりプロカウンセラーとして、延べ15,000本以上のカウンセリングと年間100本以上のセミナーを行う。2015年4月よりフリーのカウンセラー／講師／作家として活動を始める。

著書に『本当に愛されてるの？』『「女子校育ち」のための恋愛講座』『こころがちょっぴり満ち足りる50のヒント』（共著、すばる舎）、『頑張らなくても愛されて幸せな女性になる方法』『こじれたココロのほぐし方』『愛されるのはどっち？』（リベラル社）、『人間関係がスーッとラクになる心の地雷を踏まないコツ・踏んだときのコツ』（日本実業出版社）。監修本に『男と女の離婚格差』（小学館）、『なりたい私をつくる！ キラキラ習慣』（リベラル社）、『心理カウンセラーが教える「聞く」技術』（日本文芸社）がある。

また、「anan」「CLASSY.」「LEE」「美ST」「OZ PLUS」「日経ビジネスアソシエ」「日経おとなのOFF」などの雑誌、読売新聞、毎日新聞等への寄稿、各種テレビ、ラジオへの出演、制作協力多数。

オフィシャルブログ：http://nemotohiroyuki.jp/

校正：槇　一八

敏感《びんかん》すぎるあなたが
7日間《かかん》で自己肯定感《じここうていかん》をあげる方法《ほうほう》

〈検印省略〉

2017年　9　月　29　日　第　1　刷発行
2021年　11　月　24　日　第　25　刷発行

著　者――根本　裕幸（ねもと・ひろゆき）
発行者――佐藤　和夫

発行所――株式会社あさ出版
〒171-0022　東京都豊島区南池袋 2-9-9 第一池袋ホワイトビル 6F
電　話　03 (3983) 3225（販売）
　　　　03 (3983) 3227（編集）
F A X　03 (3983) 3226
U R L　http://www.asa21.com/
E-mail　info@asa21.com

印刷・製本　神谷印刷（株）

note　http://note.com/asapublishing/
facebook　http://www.facebook.com/asapublishing
twitter　http://twitter.com/asapublishing

ISBN978-4-86667-013-3 C0030